Sucesso
sem
Stress

Dr. Artur Zular

Sucesso sem Stress

4ª EDIÇÃO

CIP-Brasil. Catalogação-na-fonte
Sindicato Nacional dos Editores de Livros, RJ.

Z88s
4ª ed.

Zular, Artur
   Sucesso sem stress / Artur Zular. – 4ª ed. – Rio de Janeiro: BestSeller, 2011.

   ISBN 978-85-7123-698-1

   1. Stress (Psicologia). 2. Stress (Psicologia) – Prevenção. 3. Administração do stress. 4. Sucesso – Aspectos psicológicos. 5. Qualidade de vida. I. Título.

06-4208

CDD – 155.9042
CDU – 159.944

SUCESSO SEM STRESS
Copyright © 2000 Artur Zular

Todos os direitos reservados. Proibida a reprodução, no todo ou em parte, sem autorização prévia por escrito da editora, sejam quais forem os meios empregados.

Direitos exclusivos desta edição reservados pela
EDITORA BEST SELLER LTDA.
Rua Argentina, 171, parte, São Cristóvão
Rio de Janeiro, RJ – 20921-380

Impresso no Brasil

ISBN 978-85-7123-698-1

Seja um leitor preferencial Record.
Cadastre-se e receba informações sobre nossos lançamentos e nossas promoções.

Atendimento e venda direta ao leitor:
mdireto@record.com.br ou (21) 2585-2002

Sumário

Prefácio de José Ângelo Gaiarsa 7
Conversa com os leitores 9
O que você vai encontrar neste livro 11

PARTE I - Sucesso e qualidade de vida 13
Capítulo 1 - As várias faces do sucesso 15
Capítulo 2 - À sua saúde! 33
Capítulo 3 - Entendendo o stress 41
Capítulo 4 - Síndrome Geral da Adaptação 63
Capítulo 5 - O impacto do stress 73
Capítulo 6 - Teste seu stress 79

PARTE II - Sucesso sem stress 81
Capítulo 7 - O papel da prevenção 83
Capítulo 8 - Salve o prazer! 89
Capítulo 9 - Vencendo a ansiedade 101
Capítulo 10 - As artimanhas do coração 107
Capítulo 11 - A importância da alimentação 121
Capítulo 12 - Os benefícios do esporte 143
Apêndice - Escolha seu médico com sucesso ... 157

Prefácio

O livro que você tem em mãos contém informações que todos os médicos gostariam de que seus clientes soubessem.

Note a frase: eu não disse que eles gostariam que os clientes lessem, mas que soubessem. Pela voz de seu médico particular.

Sucesso sem Stress responde às perguntas que você, leitor, gostaria de fazer a ele, mas que não cabem na hora clínica, ao longo da qual bem poucas questões são respondidas.

Depois da consulta, ficamos a nos perguntar — nós, os médicos — o que faltou. E falta sempre muita coisa.

Culpa de uma péssima organização das atividades profissionais na grande metrópole, cujos lemas são "Sempre correndo" e "Sempre há muito mais a fazer do que o tempo permite".

Também os médicos vivem estressados...

Também eles leriam com proveito este manual de boa vida. Uma vida que não exige um médico para cuidar dela. Basta que você, leitor, esteja disposto a se cuidar. Jamais um médico poderá fazer o que *você* não pode fazer por si mesmo, a fim de conseguir, e manter, uma saúde invejável e uma existência ao mesmo tempo produtiva e prazenteira.

Note, leitor: este livro traz um médico lhe dizendo, em pormenores, tudo o que seria conveniente que você fizesse — a fim de não precisar do médico.
Generosidade suicida ou humanismo prático?
Você decide...

José Ângelo Gaiarsa

Conversa com os leitores

Este livro é um apanhado de temas que podem mudar sua vida. Nele, de maneira direta e clara, vamos analisar, juntos, assuntos de extrema importância — mas que infelizmente, no dia-a-dia, têm sido relegados a segundo plano.

Como professor de uma faculdade de medicina, percebo que meus ex-alunos, quando se encontram comigo, reiteram o grande aprendizado que lhes proporcionei. Não somente para lidar com as necessidades de seus pacientes como também, e principalmente, para garantir a eles mesmos, médicos, bem-estar e qualidade de vida. Fico muito feliz, pois existe de fato a possibilidade de ensinar e treinar as pessoas quanto a novos condicionamentos, capazes de levar ao sucesso e à qualidade de vida.

Como médico e psicossomatista, atuo com técnicas precisas de tratamento e vejo uma extensa gama de mudanças. Há, de fato, a incorporação de novos paradigmas pelos pacientes, que passam a exercer todo o seu potencial e atingem o sucesso nas várias áreas da vida.

Como consultor empresarial e palestrante, tenho visto a mudança concreta em instituições e empresas que antes padeciam por causa do sofrimento individual de seus integrantes. Mas estes, uma vez munidos de instrumental adequado, são capazes de vencer antigos condicionamentos em prol do sucesso e de uma existência satisfatória.

Essas experiências me levaram a concluir que essas duas metas — sucesso e qualidade de vida — estão ao alcance de todos. O problema é que nem todos sabem como chegar lá. Foi por isso que decidi escrever este livro. Para oferecer com amor (para que você guarde com amor) aspectos e sugestões capazes de transformar, para melhor, aquilo que você tem hoje.

Espero que a leitura lhe seja agradável — na mesma proporção que lhe será saudável. Afinal, não podemos esquecer que falar em saúde e em qualidade de vida, do jeito como hoje pensamos esses temas, significa bem-estar, longevidade e sucesso em todas as áreas. Para que você possa chegar aos cem anos saudável, com a mente lúcida e com pleno sentimento de realização.

Artur Zular

O que você vai encontrar neste livro

Esta obra é dividida em duas partes. A primeira é uma conversa sobre as novas definições da palavra sucesso, sua importância na vida de cada um de nós e nos caminhos que podem se abrir à nossa frente.

E, como só existe sucesso quando se sabe lidar com o stress, essa primeira parte traz, ainda, informações claras e precisas sobre o assunto: o que é stress, seus tipos, origens, situações em que ele se instala. Traz, também, tabelas e um teste, para você mesmo avaliar seu nível de desgaste e começar, se necessário, a tomar providências para mudar esse quadro.

A posse dessas informações é o primeiro passo para prevenir o stress, controlá-lo e fazer dele um aliado para chegar ao sucesso. É o que você verá na segunda parte do livro. Nela, a conversa gira sobre a importância da prevenção, da alimentação, do esporte, do lazer, do prazer para uma vida saudável e com muita qualidade. São explicações e dicas práticas para você conhecer melhor suas próprias necessidades e atuar, de modo positivo, para construir uma existência prazerosa, dentro de um ambiente onde, apesar dos conflitos normais a que está sujeito o ser humano, imperem o bem-estar e a harmonia.

Boa sorte. E muito sucesso.

Os editores

PARTE I

SUCESSO E QUALIDADE DE VIDA

Capítulo 1

AS VÁRIAS FACES DO SUCESSO

Você se lembra de quando uma pessoa rica, famosa, bem-sucedida profissionalmente era considerada alguém de sucesso? Pois é... Felizmente, esse tempo já se foi. O conceito de sucesso mudou muito.

Sucesso, neste novo milênio, tem um significado bem diferente daquele que lhe dávamos no passado recente. A pessoa de sucesso não é mais a que possui uma conta milionária no banco mas não tem tempo de manter uma atividade física regular ou desfrutar do convívio da família. Ou aquela que usa a desculpa do desapego aos valores materiais para esconder sua falta de garra e disposição. Essa, em vez de lutar por seus objetivos, de construir aquilo que outros conseguiram, nutre inveja e ódio inconscientes de quem pode usufruir, com bom senso, os frutos do próprio trabalho.

Há também aqueles que têm garra e força de vontade, mas que, sem objetivos bem definidos, lutam de maneira exagerada e se cansam para conquistar coisas que acabam por não lhes trazer prazer. Desse modo, são incapazes de desfrutar do bem-estar e da felicidade que a vitória pode acarretar.

Outra situação é aquela em que o indivíduo sabe o que quer e tem capacidade para chegar a seu objetivo, mas não prioriza suas metas de maneira adequada e faz as coisas certas nos momentos errados, comprometendo o resultado global de sua atuação. Existem também aqueles que dão exagerado valor à estética pessoal e se esquecem dos valores espirituais, das riquezas das relações saudáveis e da preocupação com necessidades culturais e sociais, fundamentais ao indivíduo neste novo século.

Como se vê, sucesso, hoje, é um novo paradigma. É uma situação que deve ser vista sob um novo olhar, a ser treinado de maneira adequada. Este livro pretende contribuir com esse novo jeito de ser e de sentir.

O que é ser uma pessoa de sucesso?

Sucesso de verdade não é ter dinheiro e estar bem profissionalmente. De que adiantam essas coisas se não se vai viver para desfrutá-las ou se não se terá saúde e energia para aproveitar as conquistas? De que adianta o executivo chegar aos 45 anos no topo da carreira, com uma polpuda conta bancária, e ter morte súbita por causa cardíaca, sofrer um infarto e ter sua vida reduzida a uma cama ou entrar na fila para um transplante de coração?

Ter sucesso é estar em harmonia em todas as esferas da existência. É perseguir com objetividade as metas propostas. E sem perder o equilíbrio, pois a saúde é o bem-estar biopsicossocioespiritual (físico, psicológico, social e espiritual). Estar muito bem em uma área, em detrimento de outra, demonstra uma dissipação de energia, um desequilíbrio que pode custar muito caro.

É importante entender esses conceitos em qualquer idade ou em qualquer etapa da vida, pois nunca é tarde para mudar o que não está correto. É preciso, também, saber que as mudanças nunca são um passo simples. Elas exigem determinação, empenho e muita força de vontade. Afinal, vivemos em uma sociedade materialista, na qual o que você tem vale mais do que aquilo que você *é*. Modificar essa maneira de ver as coisas, portanto, é uma tarefa e tanto.

É comum a figura do empresário que trabalha doze horas por dia, não vê a família, recebe muitos pedidos dos clientes — o que lhe rende bastante dinheiro —, e, para atendê-los, muitas vezes permanece na empresa quinze horas diárias e sacrifica os finais de semana. Esse homem tem orgulho de si mesmo e recebe a aprovação da sociedade em que vive.

Uma pena, pois esse é o típico comportamento destrutivo. Com o passar do tempo, é provável que ele se distancie da família e dos amigos, e que sua vida interior comece a ficar vazia. Aí, não há conta bancária que resolva o problema.

Há quem prefira arranjar amantes e acredite que assim está vivendo plenamente. Mas, de repente, olha para trás e percebe que essa situação apenas produziu desgaste, stress. Quanta energia canalizada de forma inadequada! Foram anos de investimento em um projeto falido, que só deixou insatisfações.

Uma atitude também muito freqüente é jogar a culpa do fracasso em terceiros, imputando ao outro a responsabilidade pelo insucesso. Afinal, é mais fácil agir assim do que avaliar as próprias atitudes e reconhecer a própria falibilidade. É o caso da pessoa que, por se sentir infeliz, joga a culpa de sua insatisfação no companheiro, quando, na verdade, tem dificuldade de se relacionar bem consigo mesmo. Por esse motivo, também é incapaz de se relacionar com o outro, não consegue manter vínculos, não assume suas dificuldades e seus erros, não se dispõe a mudanças.

Sucesso pressupõe inteligência emocional, e inteligência emocional é saber lidar com as questões da vida. É sair-se bem no cotidiano. É saber trabalhar com dignidade, manter relacionamentos qualitativos, fazer bem a nós mesmos e aos que nos cercam. É ter condições de administrar da melhor maneira possível a vida e de explorar a fundo nossos potenciais.

Devemos lembrar que muitos de nós, com o passar dos anos, ao interagir com o meio, sofremos uma atrofia na capacidade de observar, de perceber, de analisar e, conseqüentemente, de atuar de modo qualitativo. É por isso que há tantas pessoas anestesiadas para a vida, como se tivessem respirado um gás paralisante. Não têm vibração alguma. São os que chamamos de semimortos ou fantasmas. E, convenhamos, não existe nada pior do que estar morto para a vida e continuar vivendo.

A maioria de nós conhece pessoas assim, que destroem tudo o que produziram e jogam a culpa nos outros. São sempre vítimas infelizes. Pois esse é um caso típico de falta de inteligência emocional. Pessoas assim precisam de uma "muleta emocional" para se sustentar. Na realidade, deveriam mudar de comportamento, mas, paralisadas, fragilizadas, sentem-se incapazes de fazê-lo. Acreditam que é o outro que precisa se modificar. Ficam cobrando mudanças nos que as rodeiam e se tornam desagradáveis. Num primeiro momento, todos querem ajudá-las. Num segundo momento, porém, a máscara cai e a personalidade vampiresca aflora com força total, destruindo quem estava por perto, dando força e protegendo.

Ter sucesso e conseguir atuar sem stress é passar longe desse tipo de comportamento. É evitar adaptar-se a todo momento às demandas, é entender as exigências da vida sem sofrimento, sem "brigar" com as tarefas do dia-a-dia. Equilíbrio emocional é fixar metas de acordo com nossas possibilidades reais, não com ideais impossíveis de alcançar. Isso é sucesso. Atingir metas realistas ajuda a criar as condições necessárias para seguir em frente, rumo à próxima etapa.

Ter sucesso também é entender que ao indivíduo não cabe apenas o papel que lhe é dado pela família ou pela sociedade. É seu dever buscar um papel maior, mais nobre, mais atuante. Mas nada disso valerá a pena se este indivíduo não estiver, em primeiro lugar, cuidando de si mesmo. É preciso encarar a vida com disposição, com ânimo, com prazer. E isso só será possível se essa disposição, esse ânimo, esse prazer brotar dentro de cada um.

Acordar pela manhã e saber que iremos fazer alguma coisa em prol do semelhante, sem esperar retorno, é fundamental. Também é importante atuar, mesmo que com pequenos gestos, para que a sociedade se torne um pouco menos fria. Experimenta um profundo bem-estar quem trabalha para amenizar o caos social de uma era tão avançada em tecnologia, mas tão atrasada em humanidade; quem colabora para diminuir as desigualdades que nos perseguem nas esquinas e nos lares carentes, na forma de falta de alimento, saúde e estudo.

Hoje em dia, o conceito de sucesso, de qualidade total passa por uma profunda reflexão sobre nossas relações sociais, no trabalho e em família, com os amigos e na comunidade, com o "eu" interior e com seu correspondente no macrouniverso. Contemplar todos esses campos de maneira equilibrada, com disposição e com prazer, é ser uma pessoa de sucesso.

Sucesso e dinheiro

Sucesso não é só ter dinheiro, mas saber como gastá-lo. Rico não é aquele que ganha muito, e sim aquele que gasta bem, de maneira racional e equilibrada.

Vivemos numa sociedade capitalista. Se você não tiver dinheiro, não terá o que comer ou onde morar. Não é vergonhoso querer ganhar bem. Não sinta pudores em aspirar a uma melhor condição financeira, que lhe garantirá acesso a situações prazerosas e gratificantes.

Você deve se assustar, sim, se estiver em uma busca desenfreada por dinheiro. Aí, passa a haver uma inversão de valores. E o dinheiro, que é apenas um meio de atingir objetivos, passa a ser *o* objetivo na vida. Transforma-se numa fonte permanente de problemas, males e stress.

Sucesso é saber aproveitar as comodidades que o dinheiro pode trazer, mas sem gastar muito. É preciso dar o devido valor ao dinheiro — difícil de ganhar e facílimo de despender. Aliás, gosto muito do ditado popular que diz: "Avô rico, filho nobre, neto pobre"...

Mas dinheiro faz bem à saúde. Com certeza! Trabalhos científicos mostram que o risco de morte de um operário de quarenta a sessenta anos é 160% maior do que o de um executivo da mesma faixa etária. Esse executivo tem 57% menos chances de morrer do que um funcionário subalterno.

O dinheiro proporciona acesso a uma medicina melhor, a condições de vida mais saudáveis, à informação e à possibilidade de prevenção de doenças. Antigamente, pensava-se que os ricos se estressavam mais, uma vez que precisavam administrar grandes problemas. Hoje sabe-se que, quanto menos favorecida for a faixa socioeconômica, mais expostos estarão os indivíduos a situações relacionadas à falta de dinheiro, à ausência de qualidade no que diz respeito à moradia, ao ambiente profissional e à alimentação. Tudo isso gera uma carga de stress muito elevada, provocando o aparecimento de doenças, além de índices de morbidade e de mortalidade mais elevados, quando comparados aos dos indivíduos de classes sociais privilegiadas.

Quer um exemplo? A diferença na longevidade dos habitantes da Suécia (um país rico), quando comparada ao Brasil, é de oitenta anos, lá, contra 67 aqui. É ou não é uma diferença gritante?

Sucesso e trabalho

Sucesso é trabalhar com aquilo de que se gosta. De nada adianta ocupar-se com alguma atividade que não proporcione prazer. Isso apenas gera frustração, raiva e toda uma gama de sentimentos negativos, que podem afetar nossa saúde. Para não falar que é pouco rentável, pois nosso potencial estará muito reduzido.

Sucesso é conseguir harmonia no trabalho. Apesar de todos os pesares, das dificuldades, da hierarquia e da correria, é preciso ter como objetivos a serenidade e a placidez. Trabalhar brigando com a realidade é uma das causas do stress e da não-realização.

Entender nosso papel na estrutura profissional na qual estamos inseridos é extremamente importante, seja qual for o nosso cargo. Sucesso é perceber a necessidade de se relacionar harmoniosamente com os pares, pois esta é a base para o êxito do grupo. Você precisa de quem está em um nível hierarquicamente superior ao seu e lhe dá ordens, como precisa de quem está abaixo, recebendo as suas ordens.

O ideal, na verdade, é deslocar esses níveis (*acima* e *abaixo, superior* e *inferior*) para um plano horizontal. Lado a lado. Porque todos são elos de uma corrente. São responsáveis pela formação e pela manutenção dessa corrente. Se um falhar, ela se rompe. Se todos cooperarem, ela se fortalece. E avança.

Sucesso e bebida

Sucesso é beber apenas por prazer, e em pequenas doses. É diferente de beber pela *necessidade* de ter prazer e de, mais adiante, com o vício já estabelecido, beber pela necessidade de não ficar sóbrio, pois manter-se sem a bebida passa a ser martirizante.

O álcool é uma droga potente, que destrói os dependentes e suas famílias. Mas, ao contrário de outras drogas, as bebidas alcoólicas têm seu consumo incentivado. Pesquisas mostram que o álcool é o maior causador de agressões e acidentes, quando comparado às drogas ilegais, analisadas em separado ou em conjunto. O pior é que os anúncios estimulam os adolescentes a beber. Basta ir ao barzinho da esquina para constatar que eles obedecem ao comando, embora seja proibida a venda de bebida alcoólica a menores de dezoito anos.

Os pais, que não querem que seus filhos bebam, o fazem muitas vezes sem limites, expondo as garrafas como jóias em seu "bares" na sala de casa, imitando o que as novelas e os filmes, pagos pelo *merchandising* dos fabricantes, insinuam ser charmoso: chegar em casa e abrir uma cerveja ou tomar um copo de uísque. Pesquisas científicas denunciam que 30% dos jovens tomaram bebidas, pela primeira vez, dentro da própria casa. Em 22% das ocasiões ela foi oferecida pelos próprios pais.

Nosso país é um dos recordistas mundiais em mortes por acidentes de trânsito, e a maior causa associada a isso é dirigir embriagado. O álcool diminui os reflexos e as respostas musculares e altera a noção de perigo; o motorista passa a correr muito e a não respeitar as leis de trânsito. Em doses maiores, a bebida altera também a capacidade de discernimento. Ele deixa de entender, por exemplo, o que significa o sinal vermelho. Como se vê, o motorista etilizado, além de suicida ativo, é um assassino em potencial.

O sucesso, para quem gosta de tomar algo alcoólico, é limitar-se a dois cálices de um bom vinho tinto ao dia, três a cinco vezes na semana. E não passar disso. O vinho tinto é rico em substâncias conhecidas como flavonóides, as quais estimulam o aumento da produção do bom colesterol, que limpa a gordura das artérias.

Se você não gosta de álcool, então sucesso é não beber nada alcoólico, mesmo que todos os seus amigos o façam. Sucesso é pedir um suco ou um refrigerante, *diet* de preferência (porque tem poucas calorias), na *happy hour*, sem ficar constrangido. Não tenha medo de ser você mesmo. Chega de fazer coisas de que não se tem vontade só porque os outros estão fazendo. Aliás, peça água, que é saudável, não engorda e interfere muito pouco no sabor dos alimentos.

O sucesso e a força da palavra

As palavras têm um poder enorme. Quando bem utilizadas, são capazes de transformar o mundo, ajudar pessoas, insuflar confiança nos inseguros e acalmar os ânimos dos mais intempestivos. A palavra pensada, resultado da maturidade do processo emocional, é elemento vital na harmonia dos relacionamentos humanos.

Quantas brigas não causamos por ter deixado escapar palavras inadequadas ao momento, fruto da raiva, da inveja ou de qualquer outro sentimento pouco interessante ao equilíbrio emocional? Após emitidas, as palavras soam como balas disparadas de um revólver, como projéteis de uma metralhadora. E às vezes não temos a intenção de magoar o interlocutor, mas dizemos coisas desagradáveis até mesmo sem querer. Por esse motivo, precisamos elaborar bem a ordem e o tom em que serão ditas nossas palavras.

Existe também o chamado "ruído" na comunicação. Ao falar alguma coisa, com pressa ou ansiedade ou raiva, não raciocinamos com clareza e por isso não medimos as palavras. Assim, nessas circunstâncias, elas saem sem muito cuidado e podem passar, ao outro, uma mensagem diferente daquela que desejávamos enviar.

Outro ruído acontece quando o receptor de nossa mensagem está passando por uma fase delicada. Ao sentir-se vulnerável, ou irritado, ou ansioso, ele muitas vezes não escuta aquilo que é dito, e sim aquilo que *deseja ouvir*. Dessa maneira, muitas vezes palavras de estímulo são entendidas como cobranças e até mesmo desafios a seu estado, o que pode gerar conflitos.

Por esse motivo, quando não temos certeza sobre o que falar em determinada situação, é melhor não dizer nada. Basta escutar. Escutemos o que o outro tem a dizer, reflitamos a respeito, processemos as palavras que ouvimos e, pausadamente, emitamos nossa posição, desde que amadurecida, sobre o assunto. Assim, estaremos administrando melhor nossas opiniões e nossos relacionamentos, sejam eles pessoais ou profissionais.

Sucesso é encontrar novos caminhos

Muitos profissionais liberais de quarenta a cinqüenta anos, que perderam o emprego ou se aposentaram, estão sendo obrigados a modificar sua trajetória profissional para ganhar a vida. Esse é um fator estressante, sem dúvida, pois essas mudanças, a essa altura da existência, geram incertezas e forçam a pessoa a se adaptar a novas situações.

Há pacientes que falam mais ou menos assim: "Finalmente irei me aposentar! Aí vou viajar, comprar coisas, trocar de carro. Vou mudar de casa, empreender aquela viagem. E vou fazer isso e aquilo..." Quando se aposentam, porém, entram em depressão ou somatizam uma doença física. Chamo a isso de *síndrome da aposentadoria, do pijama e do chinelo*.

A única maneira de evitar esse momento é trabalhar. Sempre. O indivíduo que está em atividade adoece menos. Mas é preciso trabalhar sem stress, sem lutar contra o que se faz. É preciso ver aí uma fonte de gratificação. E não ter medo de mudar, caso seja necessário.

Lógico que, quando se tem cinqüenta anos, mudar é mais complicado. Essa é uma das causas mais violentas do stress. Só que o medo da mudança existe em qualquer idade. O temor de enfrentar transformações difíceis não vem só com a aposentadoria. Há jovens adoecendo, infartando, com gastrite, com impotência sexual. E isso aos vinte e poucos anos! Tudo por causa do stress gerado por situações que envolvem mudanças, que exigem esforço de adaptação.

Por isso, *Carpe diem*, expressão latina que em português significa "aproveite o dia". Ou seja, façamos de cada minuto uma experiência mágica. Vivamos conscientemente, e com plenitude, tudo aquilo que queremos. E do jeito que merecemos.

Sucesso e cidadania

Vamos fazer mais algumas reflexões a respeito do sucesso. É certo que todos nós traçamos metas e desejamos alcançá-las. Esperança é o sentimento de um dia atingir os objetivos propostos. Até há pouco tempo, sucesso era a vitória individual, de alguém que se destacava entre os demais. E não importava quantos sofressem para que *apenas um* chegasse lá.

Caso um industrial ficasse rico, não lhe perguntavam se seus funcionários também estavam se beneficiando desse sucesso financeiro. Ao contrário, fazia-se vista grossa para as mazelas e as desgraças provocadas pela pobreza dos trabalhadores. Estes, por seu turno, deviam dar graças aos céus por ter um emprego, e não podiam exigir nada para não correr o risco de perdê-lo.

(Exemplo típico desse tipo de situação, felizmente já em desuso, são as denúncias que a imprensa traz, vez por outra, sobre pessoas trabalhando em regime de semi-escravidão, suando a camisa de sol a sol, em troca de comida e moradia indignas.)

Hoje em dia, a noção de sucesso inclui o êxito daqueles que nos rodeiam. É fundamental fazer avançar o processo de difusão do bem-estar, de melhores condições de trabalho para aqueles que nos ajudam a atingir objetivos. É como em um jogo de futebol. Importante não é apenas aquele que marca os gols, mas também os outros, que defendem arduamente a tática delineada pelo treinador. O sucesso de todo o time depende do sucesso de cada um.

Mas para isso todos os membros da equipe devem ter condições adequadas de saúde, alimentação, moradia, transporte e lazer. É preciso oferecer remuneração justa e adequada ao grau de dedicação de quem nos ajuda a alcançar o sucesso. É preciso, igualmente, compartilhar os bons resultados, proporcionando possibilidades de ascensão e planos de carreira equilibrados, além de prêmios imediatos.

Hoje, felizmente, há empresas que procuram suprir as necessidades de seus funcionários oferecendo, por exemplo, psicoterapia para ajudar a enfrentar os problemas do dia-a-dia ou babás para mães preocupadas com o bem-estar dos filhos, além de canil para animais de estimação e auxílio para coisas prosaicas como problemas no encanamento de casa e no carro. Tudo para diminuir o grau de stress da equipe.

O sucesso só é completo se houver um ciclo de ações positivas, que possam gerar outras ações que também tenham o bem comum como objetivo.

Sucesso não tem idade

Outro fator importante é que, não obstante a idade, sempre é tempo de se cuidar, de trabalhar para melhorar as relações afetivas, com a família, com os amigos. Sempre é tempo de buscar uma ocupação que nos ofereça prazer, e de dar saltos qualitativos em qualquer campo de atuação.

Isso, claro, independe da idade. Vale para você e para seus filhos. As crianças de hoje, que passam horas na frente do computador, da televisão ou do videogame comendo salgadinhos, frituras, hambúrgueres e batatinhas, já têm um altíssimo grau de arteriosclerose coronariana, isto é, de entupimento das artérias coronárias. (Vamos falar sobre stress em crianças e suas conseqüências mais adiante.)

Por isso, não devemos pensar na saúde apenas depois dos cinqüenta anos mas sim o tempo todo, evolutivamente. Envelhecemos desde que estamos no útero materno. Então, nunca é cedo, ou tarde, para começar a se cuidar. Lembre-se de que seu corpo é seu maior patrimônio.

Aristóteles, o grande filósofo grego da Antigüidade, dizia que o apogeu do corpo se dava aos 35 anos e o da alma, aos cinqüenta. Já Hipócrates, outro grande pensador, considerado o pai da Medicina, afirmava que a maturidade chegava aos 56 anos.

Hoje as coisas estão muito diferentes. A esperança de vida do brasileiro — ao contrário do passado, quando se morria por volta dos quarenta anos — cresceu 58% nos últimos cinqüenta anos. A população do país está envelhecendo. No mundo, são 120 países com expectativa de vida superior a sessenta anos. No Brasil, temos quase 15 milhões de pessoas com mais de sessenta anos; daqui a vinte anos, serão 25 milhões.

Há vários motivos para isso. Um deles é que a ótica da saúde está começando a se voltar para a prevenção das doenças. Prefere-se cuidar para que elas sejam evitadas a esperar que se manifestem. É o caso, por exemplo, da vacinação em massa contra a gripe para aqueles que têm mais de sessenta anos, e contra pneumonia, em menor escala.

Por outro lado, existem novos métodos curativos no caso de doenças já instaladas. Inúmeros males, antes considerados incuráveis, hoje contam com tratamento e cura. Outros fatores que contribuem para o aumento na expectativa de vida são o saneamento básico e o combate à mortalidade infantil. Nas classes econômicas ditas mais favorecidas, essa expectativa, atualmente, está ao redor dos oitenta anos, caminhando para noventa.

Nem tudo, porém, encontra-se em um grau tão satisfatório assim. É preciso tecer algumas considerações a respeito desse tema, em especial quando falamos em *viver com qualidade*. Sim, hoje em dia as pessoas vivem mais, só que, de maneira geral, com menos qualidade. Não é raro um médico atender a pacientes de noventa anos com a seguinte reclamação: "De que adianta viver tanto se estou cheio de dores?". Na verdade, essas pessoas não se preveniram contra a dor nem contra as doenças. E por um motivo muito simples: o conceito de prevenção não existia quando elas eram jovens. Por outro lado, se chegaram até aqui, é porque possuem organismos resistentes e viveram com menos stress. No fundo, chegar a essa idade avançada se deve a uma conjunção de fatores: carga genética adequada (longevidade), meio ambiente e alimentação saudáveis e uma pitada de sorte.

Claro que a idade traz limitações, mas o fundamental é saber conviver com elas. Sem maiores desgastes. Hoje, por exemplo, os idosos estão cada vez mais ativos. A maioria da população com idade superior a 65 anos continua trabalhando, chefiando as famílias a que pertencem, contribuindo com grande parte de seu rendimento financeiro para o sustento dos seus. Cerca de 62% dos homens com mais de 65 anos trabalham ao menos quarenta horas semanais. Vamos fazer uma comparação? Entre os vinte e os cinqüenta anos, 90% dos homens mantêm uma jornada de trabalho igual a essa. Aos oitenta anos, a média cai para 32 horas por semana.

O trabalho é uma das maneiras de manter a atividade física e psíquica em forma. Ele ajuda a proporcionar qualidade de vida e sucesso, de acordo com a idade. O uso da mente previne o aparecimento de doenças degenerativas, e diminui o déficit de memória, muito freqüente com o passar dos anos. Pesquisas científicas compararam pessoas com mais de 65 anos, com atividade mental constante e com pouca atividade mental. Apenas 7% dos ativos foram acometidos por doenças degenerativas, enquanto, no grupo pouco ativo, esse índice subiu para 38%.

Na verdade, o organismo recebe muito bem tudo aquilo que se faz na direção do bem-estar. Não são necessários milagres ou mudanças radicais. Basta manter uma vida saudável. O que, convenhamos, não é tão difícil assim.

Na segunda parte deste livro vamos examinar de que modo isso é possível. Lá, com explicações e conselhos práticos, você verá que a saúde é uma conquista possível.

Capítulo 2

À SUA SAÚDE!

O que é ter saúde?

Bem, antigamente era fácil responder a essa pergunta. Dizia-se que saúde era a ausência de doença. E pronto, a definição estava dada.

Felizmente, isso mudou. E muito. Hoje, a Organização Mundial da Saúde descreve saúde como o bem-estar físico, psíquico e social do ser humano. Como se vê, um conceito muito amplo. Significa que a pessoa pode até não sofrer de nenhuma doença, mas está longe de ser saudável. Para isso, ela teria que usufruir, harmoniosamente, daqueles três aspectos.

Você sabe, por experiência própria, que quando a saúde física não vai bem a saúde emocional fica abalada. Também sabe que a recíproca é verdadeira: quando a cabeça anda cheia de preocupações — por motivos financeiros, familiares, profissionais, sociais —, aumentam as possibilidades de o organismo adoecer.

Por esse motivo, saúde é o resultado do somatório de todos esses campos. Eu acrescentaria a eles o bem-estar espiritual, a crença num ser superior e divino. A religião não importa; importa, isso sim, saber que esse ser nos proporciona paz e harmonia. Principalmente em uma época como a nossa, em que há tanta valorização do aspecto material e das verdades científicas absolutas.

Na verdade, quando falo em saúde, falo em equilíbrio. Em todos os aspectos da vida. Nas esferas afetiva, sexual, familiar, profissional, esportiva, de lazer, econômica. Todos nós sabemos quando nosso equilíbrio está ameaçado ou já foi perdido. No dia-a-dia, com a família, com o trabalho, no trânsito, com o dinheiro, com a tristeza das perdas inevitáveis, a todo momento alguma coisa acontece para tirar de nós o equilíbrio.

Que fazer, então?

Não há uma fórmula pronta. Mesmo porque as pessoas reagem de maneiras diferentes a situações (internas e externas) diferentes. Mas existem algumas providências que podemos tomar para evitar o desequilíbrio. Para preveni-lo. Na segunda parte deste livro, você vai encontrar uma série de medidas simples que o ajudarão a manter-se equilibrado, saudável e longe do stress.

O papel da doença

Não podemos nos esquecer, entretanto, que às vezes a doença vem para o bem. Em certos momentos de nossas vidas, podemos precisar (por mais inacreditável que isso possa parecer) de uma doença orgânica para empreender uma reorganização geral. Nesses casos, a doença física serve de pretexto para a reordenação dos aspectos que nos desequilibram.

Costumo ouvir frases interessantes. Há ocasiões em que o paciente fala, sorrindo: "Eu precisava ter este infarto para tirar umas férias"... Às vezes, depois de algum acidente, as pessoas me dizem: "Até que enfim consegui umas férias forçadas, uma licença! E o melhor é que meu chefe não vai poder brigar comigo". O que isso significa? Que o doente passa a ter direito a uma pausa que, inconscientemente, sabia ser importantíssima.

Infelizmente, essa pausa não seria conseguida de outra maneira. A grande maioria não recebe alguns dias de folga, nem uma licença mais prolongada, alegando um mal-estar psíquico. O desânimo, as preocupações, a angústia de enfrentar problemas em algumas esferas da vida não são considerados "doenças" no mundo do trabalho. A maior parte das empresas negará férias, mesmo que mínimas, ao funcionário que disser algo como: "Estou cansado, ansioso, aflito, sem condições de trabalhar direito. Não estou bem, preciso de um descanso".

Pouca gente entenderá que essa pessoa se encontra à beira de um processo de ruptura. E vai lhe dizer um sonoro "não", além dos argumentos de sempre: "Pois eu também me sinto cansado, e estou aqui!". Então a doença psíquica, o "baixo-astral", o mal-estar interior, aquela coisa ruim que se traduz por uma baixa produtividade não tem chance. É "manha". Mas, se a doença se manifestar na parte física, aí sim, a licença do funcionário será dada e respeitada.

Por isso, insisto em dizer que a doença física pode ser um pretexto para parar, reorganizar-se, passar por um processo de maturação e de entendimento, ir ao cerne dos problemas. Não podemos esquecer que, quando encaramos a vida de maneira positiva, usamos a doença em nosso benefício. Podemos descansar, rever os pontos que andavam nos tornando tensos, descobrir por que esse mal apareceu e o que pretende nos ensinar. É uma chance e tanto de nos conhecer melhor e de, com esse instrumental em mãos, prepararmo-nos para abrir novas portas.

A doença psicossomática

Mais atrás, vimos que saúde física e emocional estão intimamente ligadas. Nem poderia ser de outro jeito. Afinal, somos um todo formado de mente e corpo. E, como um não está separado do outro, as reações orgânicas afetam as psicológicas e vice-versa. Vamos entender como isso acontece, como é que a doença psíquica se transforma em doença física.

As diferentes situações de vida, com as quais nos deparamos, sempre nos causam impacto. Dependendo do grau do impacto, e do fato de ele ser positivo ou negativo, essas situações podem provocar o aparecimento de alterações emocionais e/ou físicas. Insatisfações, desequilíbrios entre aquilo que se deseja e o que se pode realizar, planos inacabados, mal elaborados ou mal executados costumam gerar angústia. Ou seja: levam, em primeiro lugar, a uma alteração emocional, sentida subjetivamente como algo que não vai bem, como um "baixo-astral" ou uma melancolia.

Se o agente causador desse mal-estar psíquico for intenso, ou se as defesas emocionais da pessoa estiverem vulneráveis, o organismo pode, em uma *primeira etapa*, apresentar uma alteração de função — mas ainda sem a manifestação da doença propriamente dita.

Ao enfrentar situações que exigem algum grau de adaptação, o organismo começa a apresentar as chamadas "reações adaptativas". O coração passa a bater com mais força, as mãos se tornam frias, trêmulas, algumas partes do corpo suam frio, o rosto fica pálido.

Muitas vezes esse mal-estar vem acompanhado de tontura. A pressão arterial se eleva, e algumas pessoas reagem com aquilo que chamamos de grande labilidade intestinal: o intestino fica mais sensível e as evacuações se tornam mais freqüentes. É comum esse quadro evoluir para uma diarréia. (Tudo isso acontece também em situações de medo muito intenso, como em um assalto, uma briga.) Essa é a *segunda etapa* do processo psicossomático.

A *terceira etapa* se dá quando a disfunção é mais intensa e contínua. Aí, os mecanismos orgânicos de defesa se rompem e levam ao aparecimento da doença. Nós a chamamos de *doença psicossomática*. Alguns exemplos: gastrite, colite, alergias, úlceras, rinites, cefaléias, diarréia, crises hipertensivas, anorexia, obesidade. Há também os males "à flor da pele": urticária, manchas, dermatite seborréica, queda de cabelo, eczemas, psoríase.

Nesses casos, o tratamento deve levar em conta não apenas o mal físico, mas também suas causas emocionais. E isso não significa apenas recorrer a medicamentos contra a depressão, a ansiedade, a insônia etc. Eles ajudam em momentos de crise, amenizam ou eliminam os sintomas mais desagradáveis. No entanto, o ideal é que sejamos capazes de resolver ou aprender a conviver com as situações que provocaram essas reações.

Aqui também a prevenção é fundamental. Uma vez que nunca sabemos quando é que a vida vai armar uma de suas ciladas, é melhor estar preparados. A segunda parte deste livro vai ajudá-lo nisso. Por enquanto, ficaremos com um "aperitivo", e dos melhores: vamos ver como o aspecto qualidade de vida pode influenciar, de modo extremamente positivo, nosso bem-estar.

A importância da qualidade de vida

Uma vida satisfatória é o bem maior que o homem do século XXI pode almejar. Basta de buscar o falso "sucesso" a qualquer preço, de alcançar certos padrões impostos pela sociedade, como um carro importado na garagem ou um iate. Chega dessa ânsia louca de querer ser o melhor em tudo, o primeiro de todos, e carregar aquela sensação de vazio tão conhecida. Já é hora de parar de fazer as coisas pensando no que os outros vão dizer, esperando a aprovação alheia. Na verdade, quem tem de sentir-se bem é você.

De que adianta ser dono de sofisticados bens materiais se não se pode desfrutar do prazer de tê-los conquistado? De que adianta, por exemplo, ter um iate e não cuidar da saúde, não estar feliz, não se preocupar com o relacionamento com aqueles que nos cercam? Quando a superficialidade, a necessidade de mostrar-se "bem-sucedido" para o mundo aí fora permeia a vida de alguém, sente-se o peso da solidão, da falta total de realização pessoal. As conquistas só valem a pena quando acompanhadas de tranqüilidade emocional, saúde física, relacionamentos familiares e sociais que tragam satisfação e bem-estar. Esse é um aspecto importante da qualidade de vida.

Mas qualidade de vida é um conceito ainda mais amplo, que deve ser visto com um olhar diferente daquele que estamos acostumados a lançar. Qualidade de vida, em relação ao aspecto saúde, não é apenas estar livre de doenças. É ser adepto de hábitos saudáveis, passar longe de vícios como o cigarro, o álcool e qualquer outro tipo de droga, ter uma alimentação balanceada, que contemple todas as necessidades nutricionais e que seja proporcional ao gasto energético diário, além de manter uma atividade física prazerosa e não-competitiva.

Qualidade de vida também é saber otimizar as relações com os familiares, estabelecendo vínculos positivos e duradouros. É ter um círculo de amizades sinceras, trabalhar com aquilo que nos dá prazer, efetuar mudanças nos rumos da vida quando preciso, manter no ambiente profissional um clima de harmonia e cooperação. É nos indignar com as injustiças sociais e fazer algo para mudar esse cenário, ajudando alguma entidade de promoção social com dinheiro e, se possível, com trabalho voluntário.

Por fim, qualidade de vida é saber dar-se o direito de desfrutar do lazer, incorporando de fato — e sem a culpa herdada por décadas da ditadura do "quanto mais trabalho melhor" — atividades como *hobbies*, jogos esportivos, leitura, música, artes plásticas, viagens ou qualquer outra coisa que nos leve a relaxar. Tudo isso faz parte de uma rotina saudável, que proporciona uma vida satisfatória, de qualidade, a quem a adota. Sem falar em uma conquista fundamental: o sucesso.

Capítulo 3

ENTENDENDO O STRESS

Stress, estresse... Não importa se a grafia segue o padrão inglês ou ganha cores brasileiras. Importa, isso sim, entender o que é o stress. Porque essa é uma palavra que, embora falada a todo o instante, ainda é mal compreendida.

Tenho visto um sem-número de "consultores" e palestrantes que, imbuídos de boa vontade, procuram ensinar fórmulas mágicas de "cura" do stress sem ao menos oferecer dele conceitos adequados e definições corretas. Só de posse dessas definições é que seremos capazes de lidar melhor com nossas emoções e suas conseqüências.

Depois de vários anos ministrando aulas de medicina psicossomática e de relação médico-paciente, percebi que os estudantes chegavam à faculdade com conceitos muito superficiais sobre o tema, e que não tinham idéia de como vir a cuidar, de maneira eficaz, do stress de seus pacientes. Falavam muito, mas pouco sabiam sobre o assunto.

Então comecei a abordá-lo como quem fala de uma empresa, que pode ser bem ou mal administrada, que pode proporcionar bons salários aos funcionários e bons rendimentos aos proprietários; que dá férias coletivas, mas que também permite descansos em situações especiais; que trabalha com afinco para cumprir prazos, mas que sabe emendar um feriado, quando possível.

Pois é, falar de stress dessa maneira é gostoso e fácil de entender. Por isso, é nesse tom que nossa conversa prosseguirá.

O que é stress?

Muito se fala, muito se ouve no dia-a-dia: Fulano está com stress, a empregada está com stress, o cachorro está estressado, a vizinha está estressada, a filha está estressada. Na verdade, porém, ninguém sabe direito o que é o stress. Tampouco tem ciência de que ele exige cuidado, prevenção e tratamento.

Stress é o conjunto de reações que o organismo desenvolve ao ser submetido a uma situação que exige esforço de adaptação (veja como isso acontece no capítulo 4, "Síndrome Geral da Adaptação"). Assim, o desgaste não se refere à situação em si, como muitos pensam, mas é o resultado dela.

E pode durar pouco, ou muito. Em relação a esse tópico, o stress se divide em quatro tipos, que aparecem isolados ou em seqüência.

1. *Stress agudo*
   É momentâneo, súbito, com começo, meio e fim. Exemplo: quando se é vítima de um assalto.

2. *Stress seqüencial*
   Instala-se quando a ocorrência de um fato leva ao aparecimento de situações novas. Exemplo: a morte do (a) companheiro (a), que faz com que a pessoa tenha de se acostumar à viuvez.

3. *Stress intermitente crônico*
   Aparece quando o foco do stress existe, mas só se evidencia de tempos em tempos. Exemplo: brigas com um vizinho.

4. *Stress crônico*
   Surge quando o fato modifica de maneira constante uma situação. Exemplo: um acidente que provoque a perda de uma parte do corpo ou que, de algum modo, torne a pessoa incapaz de realizar suas atividades habituais.

Etimologicamente, a palavra "stress" está ligada à física, à noção de comprimir, apertar, mudando a estrutura da matéria. Então, quando aperto alguém ou alguma coisa, produzo uma resposta que se adapta a esse estímulo. Essa resposta compreende uma série de reações, muito características de cada ser ou objeto.

O stress tem as mais diversas origens. Por isso, pode ser de vários tipos: físico, químico, biológico, climático, social, psicológico. Para começar a compreender esses tipos, e como eles se interligam, vamos fazer uma analogia. Uma barra de ouro, que é duríssima, ao ser submetida ao fogo, derrete como caramelo. Ou seja, por causa do agente calor, o ouro sofre uma série de modificações moleculares, passando ao estado líquido. Damos o nome de stress a essa série de reações que a estrutura do metal apresentou para adaptar-se ao calor.

Vejamos o que acontece conosco, quando estamos em algum lugar quente e abafado. Começamos a nos sentir mal e notamos que nossa capacidade de produzir diminui cada vez mais. Nesse momento, uma série de reações químicas e hormonais ocorre no organismo, para adaptá-lo às condições ambientais inadequadas. A isso chamamos stress.

Se a sala começar a ficar muito fria, nosso organismo também estará sendo submetido a uma situação que exige esforço de adaptação. O corpo precisará produzir mais calor, para contrabalançar o frio externo. Se formos para o deserto do Saara, por exemplo, também sofreremos stress. Porque nosso organismo terá que se adaptar, economizando água, para suportar uma temperatura elevadíssima. Como ele não está acostumado a isso, essa situação exigirá um esforço de adaptação, e será menos ou mais estressante em função da quantidade de energia — física e mental — que temos para utilizar.

Quer outro exemplo? O primeiro encontro com a (o) namorada (o). Em geral, começamos a suar frio e sentimos o coração bater mais depressa. Isso é stress, e dos bons! No sentido literal da palavra, porque a dose de adrenalina produzida prepara nosso organismo para o amor. Ou seja, é realmente um stress bom. A mesma coisa acontece com o atleta, que minutos antes da prova já está com o pulso acelerado pela expectativa. Essa reação o prepara para atingir seu objetivo.

O stress, portanto, em muitos casos é uma situação extremamente benéfica e bem-vinda. Deixa o organismo mais preparado, mais desperto, para enfrentar situações que lhe são novas e desafiadoras. Visto por essa ótica, funciona como um elemento positivo, que nos leva a ultrapassar as adversidades.

Stress bom, stress ruim

Nem sempre, porém, as circunstâncias são assim favoráveis. Muitas vezes a perspectiva é sombria e assustadora. Nesses casos, o stress é chamado de ruim, ou *distress* (ao positivo dá-se o nome de *eustress*).

Digamos que alguém esteja passando por um grave problema financeiro. Ou que tenha de enfrentar enormes obstáculos no trabalho. Ou (o que hoje em dia é bastante comum) que, aos cinqüenta anos, seja obrigado a se iniciar em uma nova profissão, a fazer cursos de reciclagem e especialização, a andar por aí espalhando currículos e procurando seu lugar em um mercado altamente competitivo.

Em todos esses casos, é preciso fazer um enorme esforço de adaptação a uma realidade difícil, que incomoda e que frustra. É possível que as pessoas que vivenciam situações assim se esforcem para reunir, com certa rapidez, garra e ânimo para virar a mesa. O mais comum, no entanto, é entrar em um demorado processo de amadurecimento, que inclui autopiedade, revolta, ansiedade, depressão.

E isso ocorre, principalmente, se a expectativa de resolver logo o problema for muito grande. As coisas complicam quando se percebe que não será possível, por uma série de motivos, conseguir a quantia necessária para aliviar o aperto financeiro, ou mudar as circunstâncias que tornam o trabalho um fardo, ou encontrar uma empresa que deseje se valer da experiência de alguém entrando na meia-idade. O desânimo toma conta, o abatimento aumenta, as forças internas se esgotam. Instala-se, com toda a sua intensidade, o distress, ou stress ruim.

Vejamos, agora, um outro tipo de situação, em que alguma coisa muito boa aconteceu. O nascimento de um filho, a realização de um sonho há muito acalentado, o recebimento inesperado de uma herança ou um prêmio na loteria, da ordem de dezenas de milhões de reais. Como é que se reage a isso?

O coração dispara (porque a adrenalina inundou a corrente sangüínea), a respiração fica mais rápida (a fim de oxigenar melhor o cérebro e melhorar o raciocínio), as pupilas se dilatam (para enxergar melhor o que está acontecendo). Instala-se o eustress, o stress bom. Ou seja, até mesmo a uma boa notícia o organismo reage com os mesmíssimos sintomas que teria caso a experiência fosse ruim.

A diferença é que, caso a saúde esteja em dia, o *eustress* tende a desaparecer dali a algum tempo. Mas, se a pessoa estiver predisposta a alguma doença, ou a uma disfunção cardíaca, pode até morrer — embora de felicidade. É um paradoxo, mas acontece.

Eis aí mais um bom motivo para manter a saúde, sempre, em ótimo estado.

Ansiedade e stress psicológico

Seja o stress bom ou ruim, ele é sempre conseqüência de uma expectativa. A essa expectativa — em geral de alcançar um objetivo, uma meta — dá-se o nome de ansiedade. É o sofrimento entre a vontade de realizar algo e a atitude propriamente dita, e dura um tempo que às vezes pode parecer uma eternidade.

Gera angústia e nos faz sofrer por antecipação, por causa do temor de não conseguir atingir aquilo que queremos. Daí a importância de estabelecer objetivos reais, possíveis. Assim, sentiremos menos ansiedade, que corrói, que desgasta, que vai minando por dentro a nossa capacidade de atuação.

Podemos até fazer uma equação, mostrando que a ansiedade é o desequilíbrio entre a oferta e a demanda de energia:

ANSIEDADE =
OFERTA DE ENERGIA − DEMANDA DE ENERGIA

A ansiedade é a grande inimiga do século XXI. Por mais adiantado, tecnologicamente, que o homem esteja, ainda padece com a relação imprópria mantida com o tempo. Cultiva a ansiedade em quase todas as suas ações, e em decorrência disso sofre com o stress do tipo psicológico.

Na verdade, na grande maioria das vezes, a origem do stress é realmente psicológica. A ele se associa, também na maioria das vezes, um caráter negativo e nefasto.

Vamos dar alguns exemplos.

COM FINAL FELIZ

1. No próximo mês você terá uma entrevista para conseguir um novo emprego. Durante todo esse tempo fica sofrendo, pensando nas perguntas que irão lhe fazer e que você não saberá responder. Já imagina um resultado negativo e se angustia com isso. No final, a entrevista é tranqüilíssima. Nada do que você temeu acontece. Mas, nesse período de espera, você não dormiu bem, comeu de maneira exagerada e seu apetite sexual diminuiu.

2. Na semana que vem será a terrível prova de matemática. Até lá, você deixa de sair à noite para ficar estudando, mas na verdade passa o tempo todo em frente à televisão. Seu rendimento na escola cai, pois seu pensamento está dominado pela fatídica prova. Quando finalmente ela termina, você sente que foi bem, pois as questões se referiram justamente a tudo aquilo que sabia. Mas, nessa última semana, a azia e a dor de estômago foram suas companheiras freqüentes. Além disso, o mau humor fez com que você brigasse, várias vezes e sem motivo, com a namorada.

Nesses dois exemplos, o nível de ansiedade foi enorme. Embora o resultado, em ambos os casos, tenha sido extremamente positivo, as pessoas (que, evidentemente, não poderiam adivinhá-los) sofreram por antecipação. Suas vidas se alteraram. A produtividade diminuiu, assim como a capacidade de relacionar-se positivamente com os demais. Os sintomas do stress se tornaram marcantes, pois o organismo precisou se adaptar a situações entendidas como negativas.

Com Final Infeliz

1. Uma amiga pede sua ajuda para preparar a mesa do jantar. Primeiro lhe dá pratos e talheres para levar até a sala de refeições, o que você faz sem problemas. Depois, solicita-lhe que leve, à mesma sala, um caríssimo vaso de cristal, alertando-o para tomar cuidado, pois a peça foi de sua avó e é muito frágil. Você aceita sem hesitar, mas, de repente, suas mãos começam a suar e o vaso cai, se estilhaçando.

2. A final do torneio de tênis acontecerá daqui a duas semanas. Você sabe que joga melhor do que o adversário, mas quer treinar muito para assegurar a vitória e acaba desenvolvendo uma lesão no punho. Ou então treina pouco, achando que é o bastante, mas sofre todo o tempo com a expectativa do jogo. Na hora da competição, o seu rendimento cai, em função do medo da derrota, e o leva a não acertar nem mesmo as bolas mais fáceis. Ninguém entende por quê, mas você perde a partida.

Nesses exemplos, a ansiedade também criou uma situação negativa antes de o evento ocorrer. E acabou influenciando o desfecho. O stress não apenas se instalou como foi decisivo para que cada história terminasse com um final nada feliz.

Pois é, meu amigo leitor. Eu sei que você se identificou com alguns desses exemplos, ou talvez com todos eles. É assim mesmo, pois a maioria das pessoas já passou por situações iguais ou parecidas.

Na verdade, o ser humano vem enfrentando dificuldades e desafios desde o tempo das cavernas. Naquela época, a luta pela sobrevivência se dava contra animais ferozes. Na hora do confronto, havia duas alternativas: ou enfrentar o inimigo ou fugir dele. Na sociedade de hoje, infelizmente, ocorre uma terceira possibilidade, geralmente a mais utilizada: não fazer nada, não atuar.

Se não temos mais feras a nos ameaçar, temos outros complicadores. O trânsito, o medo e a indignação gerados pela violência, os problemas com a família e com os vizinhos, as dificuldades financeiras e profissionais, os fracassos, as contemporizações... A lista é enorme.

Diante de situações assim, a vontade é gritar, reagir fisicamente ou sair correndo para bem longe, evitando aquilo que nos ameaça. Mas, na maioria das vezes, simplesmente ficamos quietos. Não gritamos nem corremos, como gostaríamos de fazer, porque isso, na maioria das situações, seria socialmente inaceitável. Engolimos em seco e contraímos toda a nossa musculatura. Ficamos tensos. Não lutamos nem fugimos, como nossos ancestrais faziam ou como os animais irracionais ainda fazem. Como somos racionais, apenas agüentamos.

Por isso, nosso organismo, embora preparado para atuar, não atua. A energia que ele mobilizou fica acumulada, cansando-o e provocando desgastes em grandes proporções. Então surge o stress ruim, aquele que paralisa, que desequilibra, que vai nos comendo por dentro.

O resultado desse processo é a doença, que normalmente aparece na nossa área de menor resistência, isto é, aquela que temos predisposição a problematizar.

Nesse sentido, a doença nada mais é do que a materialização de uma angústia, um conflito. É a conciliação entre nossas pulsões (nossa necessidade de reagir) e nossos mecanismos de defesa (que não nos permitem reagir, porque não seria social e/ou pessoalmente aceitável). A doença é um substituto de uma satisfação instintiva, ou seja, é conseqüência de um processo de repressão.

Na segunda parte deste livro você vai se preparar para lidar com as situações difíceis da melhor maneira possível. Vai otimizar sua energia, diminuindo ou controlando o stress, para que seus resultados, em todos os campos, sejam os melhores. Mas, para que tudo isso tenha efeito, é necessário reconhecer quando o organismo está estressado. Veja, no quadro a seguir, os sintomas que alertam para a presença do stress.

SINAIS E SINTOMAS DO STRESS

- **NO CORPO**
  - Mal-estar geral
  - Corpo cansado
  - Aperto no peito
  - Batedeira no peito
  - Disparos no coração
  - Nó na garganta
  - Respiração curta
  - Falta de ar
  - Mãos frias, suadas, trêmulas
  - Tremores nas pálpebras
  - Digestão difícil
  - Peso na boca do estômago
  - Azia
  - Náuseas
  - Aftas
  - Diminuição do apetite
  - Emagrecimento
  - Fome compulsiva
  - Aumento de peso
  - Aumento no número de evacuações
  - Gases intestinais
  - Aumento da freqüência urinária
  - Contrações musculares
  - Dores no pescoço
  - Dores nas costas
  - Gripes e resfriados constantes

- **NA PSIQUE**
  - Irritação por qualquer motivo
  - Dificuldade de concentração
  - Falta de ânimo para fazer as coisas
  - Acessos de raiva com pessoas próximas
  - Perda da criatividade
  - Alternância de humor

- **NO SONO**
  - Acordar cansado

- Ter dificuldade para pegar no sono
- Acordar várias vezes durante a noite
- Acordar e não conseguir dormir mais
- Ter sonolência exagerada durante o dia

• **NA VIDA SEXUAL**
- Alteração menstrual
- Diminuição da libido sexual
- Ausência de orgasmos
- Ejaculação precoce
- Impotência

Criança também tem stress

Não são apenas os adultos as grandes vítimas do stress. A criança, igualmente, sofre com o problema. Ela também pode se ver privada de bem-estar, e em proporções às vezes muito maiores do que no nosso caso. Nós, por exemplo, usamos nossos mecanismos de defesa psíquicos para nos defender. A racionalização é um deles. Costumamos justificar situações desagradáveis com argumentos racionais: "Ele me tratou assim porque está aborrecido" ou "Há males que vêm para bem".

Com a criança isso não acontece. Ela ainda não tem esses mecanismos formados. Por esse motivo, sente como agressão inúmeros estímulos, o que gera um grau de frustração muito grande. Isso é bastante comum nos grandes centros urbanos, onde a garotada sofre uma espécie de "aprisionamento" forçado, além de ficar na frente da televisão, do computador, do videogame, durante cinco horas por dia (ou mais). Não bastasse isso, faltam-lhe atividades ao ar livre. Hoje, a maioria permanece trancada em apartamentos e condomínios, e isso, aliado à falta de contato social com crianças da mesma idade — o que possibilita interação e integração —, gera um nível de stress muito grande.

Até mesmo os bebês podem ter stress. Isso normalmente se deve à instabilidade emocional da mãe, que transfere à criança toda a sua carga de ansiedade, seja por intermédio dos hormônios do stress durante o aleitamento materno, seja no contato pele a pele, no modo de segurar o filho ou no tom de voz. Bebês com stress podem apresentar perda de apetite, vômitos, cólicas abdominais, alergias de pele, alergias a leite, alterações no ritmo de sono e retardo no crescimento pôndero-estatural (peso e altura).

Grande parte das crianças de hoje é submetida a rotinas extenuantes, que muitos adultos não conseguiriam cumprir. As menos favorecidas são obrigadas a encarar uma jornada dupla — estudam e trabalham ao mesmo tempo — a fim de garantir a subsistência da família. As outras acordam às seis e meia da manhã, geralmente após dormir tarde, e vão apressadas para a escola, onde passam em média seis horas. Depois do almoço, precisam sair rapidamente para a natação, o inglês, o futebol, o judô, o teatro, o ortodontista. E têm que voltar depressa, para estudar, para fazer a lição de casa, para... Ufa! Qualquer um se cansa só em pensar nessa rotina.

Alguns assuntos — como morte, separação, homossexualismo, prostituição — também geram angústias e stress em crianças, especialmente nas que estão vivendo ou prestes a viver a pré-adolescência. Manter um diálogo fácil e aberto, que as incentive a expor seus medos e dificuldades, é o grande preventivo aos problemas dos pequenos. Os pais devem ter em mente que segredos e temas velados, tabus, não são nada bons à saúde emocional de seus filhos.

As crianças também sofrem quando são feitas cúmplices contra algum membro da família. Isso acontece, por exemplo, quando o pai pede segredo de algo, que não deve ser dito a um irmão ou à mãe. Esse tipo de atitude cria uma ambigüidade entre o que é certo e o que é errado, além de sentimentos de culpa.

Claro que não é preciso falar sobre tudo para eles. Isso varia muito com a idade e a capacidade de intelecção infantil. O problema está associado às duplas mensagens, aos temas proibidos, que provocam aflições. A criança, sem saber exatamente o que acontece e qual o significado das coisas, sente-se tolhida a perguntar e esclarecer suas dúvidas. É necessário estimulá-las a falar, com modelos de comportamento saudáveis (de nada adianta dizer algo e agir de maneira diferente), muito amor, muito carinho, muita compreensão.

- **ALGUNS SINAIS DO STRESS INFANTIL**
  — Diminuição do rendimento escolar
  — Dificuldade em manter amizades
  — Problemas de comportamento na escola
  — Problemas de comportamento em casa
  — Alterações nos hábitos alimentares
  — Dificuldades no sono ou sono em excesso
  — Irritabilidade freqüente

- Explosões de raiva
- Atitudes francamente rebeldes

- **ALGUMAS DOENÇAS ASSOCIADAS AO STRESS INFANTIL**
  - Gastrite/diarréia
  - Úlceras duodenais
  - Alergias
  - Asma brônquica
  - Dores de cabeça
  - Resfriados e gripes freqüentes
  - Queda da barreira imunológica, levando ao aparecimento de infecções mais graves como amigdalite, sinusite, pneumonia e até tumores
  - Anorexia/Depressão
  - Dores musculares

O stress e as quatro estações

As diferenças de temperatura também obrigam nosso organismo a se adaptar a novas situações. Ou seja, também provocam stress. Vamos ver como ele acontece e o que fazer para minimizá-lo.

"Vem chegando o verão/ muito amor no coração"...

Os versos cantados por Marina Lima mostram uma grande verdade. No *verão*, tudo é "muito", é superlativo, intenso. Incluindo o stress. Por isso mesmo devemos dobrar o cuidado com nossa saúde.

No calor, a dosagem de certos remédios para a pressão e o coração deve ser revista em uma consulta médica. Isso porque as altas temperaturas fazem com que os vasos de nosso organismo se dilatem, aumentando de calibre, o que leva a pressão a baixar. Assim, as dosagens dos medicamentos podem ser diminuídas ou espaçadas.

Pressão baixa também é um problema sofrido por muitos dos que viajam ao litoral. Com as altas temperaturas do verão, a pressão arterial tende a cair. O resultado você já sentiu muitas vezes: moleza no corpo e vontade de fazer nada, a não ser cochilar. O quadro piora quando comemos muito, pois o sangue tende a ir para o estômago, para ajudar na digestão, e vai em quantidades menores para o cérebro, dificultando a oxigenação. Resultado: mais sono ainda.

Muitas vezes, os sintomas da pressão baixa são semelhantes aos da pressão alta. E ela sobe até mesmo no verão, em especial se ingerirmos pratos com muito sal, daqueles vendidos na praia ou nos restaurantes, ou se deixarmos de tomar algum dos remédios habituais, em função da programação agitada.

Comidas diferentes, altas temperaturas e menores cuidados com a higiene são uma mistura explosiva. Provocam diarréias e infecções intestinais. No verão, os alimentos tendem a durar menos, mesmo quando mantidos em geladeira. Devemos ter cuidado com maioneses, que contêm ovos e estragam com facilidade, causando infecções intestinais por salmonela; excesso de frituras, que provocam mal-estar gástrico, com azia, empachamento e diarréia.

Alimentos de qualidade duvidosa ou cheios de molhos (brancos, em especial), quando acompanhados de excesso alcoólico, produzem um estrago considerável. Provocam gosto amargo na boca e fazem com que a cabeça pareça explodir de dor, sensações bem conhecidas dos que gostam de abusar.

Tomar bastante água é fundamental. No calor, perdemos mais líquido, pela maior transpiração e pela respiração. Beber ao menos dois ou três litros de água pura, mineral ou filtrada, por dia, é extremamente importante para o bom funcionamento do nosso organismo. Chás e sucos leves também são bem-vindos. Devemos evitar bebidas muito açucaradas ou concentradas, que roubam água do nosso corpo. Muitas dores de cabeça, pressão baixa e mesmo diarréias são resultado da desidratação, doença perigosa que pode até levar à morte.

No *verão*, as alergias são freqüentes, tanto as alimentares (por frutos do mar, principalmente) como as causadas pelo uso de produtos na pele antes da exposição ao sol. Cuidado: muitos são fotossensibilizantes, ou seja, deixam a pele mais sensível à ação da luz solar. Maquilagens e outros produtos que não sejam de uso específico para o sol devem ser evitados.

Alergias por picadas de insetos aumentam muito nessa época e podem ser perigosas para as pessoas mais sensíveis. Assim que chegar a um lugar novo, informe-se sobre os tipos de inseto mais freqüentes e use repelentes adequados. O mercado oferece alguns muito bons, que já vêm na forma de hidratantes ou associados a protetores solares. Evite se expor nas horas do ataque dos borrachudos — no meio da manhã e no final da tarde. Às vezes, ter em mãos um antialérgico prescrito por seu médico pode ser uma medida importantíssima.

Outro problema é o aparecimento de micoses. Isso acontece por dois motivos básicos. Um deles é a exposição aos fungos, que proliferam nas beiras das piscinas e na areia da praia. O segundo é a umidade, que propicia a multiplicação desses agentes.

Por fim, mas não menos importante, devemos ter em mente que o sol, em geral fonte de alegria, pode ser nosso maior inimigo. Ficar muito tempo exposto a ele é coisa do passado. Além do incômodo da queimadura, dá aparência "de camarão" e provoca envelhecimento precoce, propiciando o aparecimento do câncer de pele. O ideal é evitar o sol das dez horas da manhã até as quatro da tarde, usar sempre um protetor solar adequado ao nosso tipo de pele e proteger a cabeça com um boné ou um chapéu.

No *inverno*, em função das baixas temperaturas, o diâmetro dos vasos diminui, aumentando a resistência vascular periférica. Isso se traduz em aumento da pressão arterial e recrudescimento de quadros de angina, o que leva à necessidade, muitas vezes, do aumento da posologia dos medicamentos em uso. Nessa época, é maior o risco de infartos agudos do miocárdio.

Além disso, nossas necessidades energéticas aumentam e nos levam a ingerir alimentos ricos em calorias, como gorduras e carboidratos. Afinal, como o ar está frio, nosso corpo precisa gerar mais calor para manter o equilíbrio nesse meio ambiente. A maioria das pessoas se exercita menos, o que traz menor flexibilidade e mobilidade a músculos e articulações. As dores reumáticas intensificam-se e se tornam mais freqüentes. No frio, por alteração do metabolismo, pode haver diminuição da imunidade, o que predispõe ao aparecimento de infecções, surtos de herpes e outras viroses (quadros gripais) e pneumonias.

O ideal é começar a se prevenir dos males do inverno durante o *outono*. Um dos modos de prevenção é a vacina contra a gripe, tomada no início da estação. Uma alimentação adequada é fundamental para fortalecer o organismo. Outra providência é não se expor a mudanças bruscas de temperatura, porque o frio causa malefícios ao nosso organismo. Provoca disfunções celulares, o que atinge bastante o trato respiratório.

A produção de muco diminui, as defesas desaparecem e essa região se torna vulnerável (o que também ocorre com as defesas globais do organismo). O resultado são resfriados capazes de provocar o aparecimento de quadros mais graves, como sinusites e pneumonia. Também no outono começam os quadros virais.

Na *primavera*, começamos a nos preparar para perder os quilos acumulados durante o inverno. Não é à toa que a grande "invasão" das academias acontece justamente nessa estação. Insatisfeitos com o que vemos no espelho, com o resultado da "farra" calórica do inverno, queremos nos ver livres rapidamente dos quilos extras.

No entanto, é impossível perder em um mês o que conseguimos em seis. É preciso entender que o corpo veio de um período de "hibernação", guardando calorias. Assim, é necessário ter serenidade para voltar a exercitar-se progressivamente.

Na primavera a alimentação também empobrece, porque a maioria passa a fazer dietas exageradas, que, além de calorias, eliminam proteínas e vitaminas, fundamentais na proteção do organismo. O resultado? Stress, claro. E doenças. Para evitar isso, é preciso perder calorias com saúde. Orientações sobre isso são encontradas na segunda parte deste livro.

Outros aspectos do stress

Computador e internet — Quem trabalha com computadores, sabe: ficar horas e horas à frente do monitor gera um stress físico real. Por dois motivos. O primeiro é a posição, que força a nuca, os braços, os punhos e a região lombar. O outro é o contínuo estímulo visual. Por outro lado, há também a ansiedade e o desconforto provocados pelos longos períodos de espera do carregamento (ou *download*) da página esperada.

Por isso, o melhor é usar o bom senso, fazendo pausas a cada vinte minutos. Saia da cadeira e dê uma volta, mesmo pequena. Alongue pernas, braços e pescoço. E evite ficar diante do monitor mais do que o necessário.

No aspecto psicológico, a internet propicia o estabelecimento de vínculos afetivos, mas também intensifica tendências de isolamento social. É preciso estar atento.

Fim de ano — Essa é uma época carregada de emoção e expectativas. Muitos trabalham acima de seus limites, achando que o descanso do Natal e do Ano-Novo irá compensar o desgaste orgânico sofrido. Mas nosso corpo não funciona assim. Por esse motivo, nessa fase do ano é comum encontrar pessoas com alto grau de stress. Resultado: na hora em que relaxam, e em que gostariam de usufruir do merecido descanso, são tomadas de surpresa pelo aparecimento de doenças.

Outra característica dessa época é a altíssima incidência da angústia e da depressão. Nas semanas de Natal e Ano-Novo ocorre o maior número de tentativas de suicídio, esse pedido extremado de ajuda e socorro.

Capítulo 4

SÍNDROME GERAL DA ADAPTAÇÃO

Sempre que o organismo é obrigado a se adaptar a uma situação, seja ela positiva ou negativa, tende a responder de maneira uniforme e inespecífica, anatômica e fisiologicamente. A esse conjunto de respostas inespecíficas dá-se o nome de Síndrome Geral da Adaptação.

Ela se divide em três fases: fase de alarme, fase de resistência e fase de esgotamento. E basta estar vivendo a primeira etapa, a do alarme, para já se achar com stress. Não é necessário que se desenvolvam as duas fases seguintes. Isso significa que, uma vez resolvida, ou eliminada, a fonte do stress, o organismo volta ao normal. Só nas situações mais graves é que se atingem as últimas fases.

Vamos ver essas três etapas em detalhes.

FASE DE ALARME

Nessa primeira fase, o cérebro analisa a situação na qual você está envolvido e entra em estado de alerta máximo. Isso acontece porque é preciso que o organismo esteja totalmente mobilizado, pronto para lutar. Ou para fugir. É uma reação instintiva, que de modo algum é privilégio dos seres humanos. Qualquer animal, quando submetido a estímulos agudos — como medo, fome, dor ou raiva — que ameacem sua homeostase, isto é, seu equilíbrio orgânico, dá as mesmas respostas. Basta observar um animal doméstico. Um gato, por exemplo, eriça os pêlos, tensiona as orelhas e o rabo. O coração dispara, as pupilas se dilatam, preparando-o para o ataque. Ou para a fuga.

Para que o organismo se mobilize de modo adequado, entram em ação, em apenas sete segundos, alguns hormônios, conhecidos como hormônios do stress. Adrenalina, noradrenalina e cortisol são os mais importantes. Há também o glucagon, o GH (hormônio de crescimento) e vários outros.

A adrenalina provoca um aumento na força de contração do coração e uma elevação na freqüência cardíaca, além de uma diminuição no diâmetro das artérias, o que eleva a pressão sangüínea. A noradrenalina tem uma ação muito semelhante à da adrenalina e estimula o cérebro, predispondo contra a letargia, o cansaço. Já o cortisol tem ação antiinflamatória e acelera as reações químicas do organismo, deixando-o mais desperto, e eleva a taxa de açúcar no sangue. O glucagon também aumenta a concentração de açúcar na corrente sangüínea. Sob a ação da insulina, a glicose penetra nas células do cérebro, fornecendo energia para que ele fique mais atento, mais alerta. E isso é fundamental em situações de emergência. O GH prepara o organismo para reparar possíveis danos nos tecidos, ajudando na cicatrização.

Essas substâncias são lançadas na circulação sangüínea, o que faz com que nosso organismo passe por inúmeras modificações.

1. *Aumento da freqüência cardíaca e da pressão arterial*
   Isso faz com que o sangue circule mais depressa, levando mais oxigênio e nutrientes (como a glicose) para as células. Ou seja, esse "combustível" chega aos tecidos com maior rapidez, fazendo com que a resposta seja imediata. Afinal, precisamos decidir, no mesmo instante, se é melhor lutar ou fugir.

2. *Contração do baço*
   Quando o baço se contrai, lança mais glóbulos vermelhos na circulação. Esses glóbulos vermelhos carregam a hemoglobina, responsável por conduzir o oxigênio até os músculos e outros tecidos.

3. *Liberação de glicogênio pelo fígado*
   A energia representada pelo glicogênio, que estava armazenada no fígado, é agora liberada na forma de glicose, uma ajuda extra para os músculos e para o cérebro.

4. *Redistribuição sangüínea*
   A corrente sangüínea passa por uma alteração. A pele e as vísceras recebem menor quantidade

de sangue, para que a maior parte possa ser enviada aos órgãos que nos levam a reagir, como o cérebro e os músculos. O processo de digestão é interrompido bruscamente, pois não é importante nesse momento. Por isso, é difícil comer alguma coisa durante o stress agudo. A comida "pára" no estômago. Além disso, o sangue não vai em grande quantidade para a pele porque, se houver ferimentos, não haverá perda sangüínea significativa. Pelo mesmo motivo, ele coagula mais depressa.

5. *Aumento da freqüência respiratória e dilatação do calibre dos brônquios*
Essas duas ocorrências provocam uma entrada maior de ar nos pulmões. E isso é essencial para quem se prepara para lutar ou fugir.

6. *Midríase*
Midríase é o nome que se dá à dilatação das pupilas. Elas aumentam de tamanho para que possamos enxergar melhor o inimigo, uma vez que isso garante um campo visual maior.

7. *Linfocitose*
O número de células de defesa aumenta, para reparar possíveis danos nos tecidos.

8. *Alterações no cérebro*
A sensibilidade à dor diminui, o pensamento se torna mais rápido e a memória, mais aguçada.

Lembre-se de que estamos em situação de alerta máximo!

9. *Pêlos eriçados*
Os pêlos do corpo inteiro se eriçam. No mundo animal isso é importantíssimo, porque faz com que aquele que é atacado pareça maior e mais perigoso. Embora essa aparência não funcione no universo humano — afinal, não somos tão peludos assim —, a resposta é a mesma. Os pêlos se eriçam do mesmo jeito.

Essas reações são desencadeadas por rápidas descargas de adrenalina e noradrenalina, que já se encontram armazenadas em nosso organismo. Além disso, é acionado o eixo hipotálamo/hipófise/supra-renal, o que desencadeia respostas mais lentas e prolongadas. Vamos ver como se dá esse processo.

O estímulo agudo, seja de origem física, social ou emocional, caminha do córtex cerebral para o hipotálamo, onde é fabricada uma substância chamada corticotrofina (CRF). Ela, por sua vez, estimulará a parte anterior da hipófise, chamada adeno-hipófise, a produzir o hormônio adrenocorticotrófico (ACTH), além de outras substâncias, como as beta-endorfinas (anestesiantes, que nos preparam para a dor).

Uma vez na corrente sangüínea, o ACTH chega a duas glândulas situadas acima dos rins, denominadas supra-renais ou adrenais. Elas produzem, em sua parte externa, os glicocorticóides, como a cortisona, o cortisol e a corticosterona. A porção medular (mais interna) "fabrica" mais adrenalina, para continuar a suprir as necessidades do organismo.

Quando os agentes estressantes desaparecem, essas reações tendem a regredir. Mas, quando o organismo é obrigado a manter o esforço de adaptação, entra na etapa seguinte, a de resistência.

Fase de Resistência

Se na etapa anterior o organismo mobilizou os hormônios que já tinha, nessa ele se concentra em produzir uma quantidade maior dessas substâncias. Essa quantidade extra é necessária porque faz com que continuemos a reagir contra a fonte do stress, que ainda não desapareceu.

Essa resposta recebe o nome de hiperatividade córtico-supra-renal. Provoca inchaço da parte externa das supra-renais (que produzem os glicocorticóides), atrofia do baço e de estruturas linfáticas (de defesa). Por causa disso, a capacidade imunológica do organismo diminui, a energia disponível se torna menor e a gordura passa a ser usada como fonte de energia, pois as reservas de glicose estão se acabando. O cortisol — hormônio de ação fortalecedora, reparadora e antiinflamatória (contra os traumas da luta) — começa a fazer mal ao organismo se estiver sendo liberado em excesso na circulação sangüínea. Polui o cérebro e atrapalha as reações químicas cerebrais que prejudicam a memória, além de produzir cansaço mental, raiva e depressão.

Mas não é só. O cortisol também começa a paralisar o sistema imunológico. Por isso, é freqüente a ocorrência de infecções — a interferência nas citoquinas e na interleucina-6, que são mediadores da resposta de defesa orgânica, junto com o excesso de adrenalina, provoca o aparecimento de ulcerações em todas as mucosas do organismo, como boca, estômago, intestinos. Lembre-se de que há menos sangue indo para essas regiões.

Caso o stress persista, tornando crônicos ou repetitivos esses estímulos, essa reação se mantém. Dessa vez, com duas características. Uma é a diminuição da amplitude, ou seja, o organismo passa a reagir de maneira mais modesta. A outra é a antecipação das respostas; nesse caso, é como se o organismo tivesse um "gatilho curto", isto é, estivesse sem paciência para esperar e reagisse a esmo.

Se houver falha nos nossos mecanismos de defesa, a terceira fase será desencadeada.

FASE DE EXAUSTÃO

Nessa etapa, tem início mais uma vez a reação de alarme. Agora, porém, existe franca dificuldade na manutenção dos mecanismos adaptativos, vistos na primeira e na segunda fases. Isso enfraquece o organismo, produzindo exaustão (daí o nome da etapa). Ou seja, o que era uma reação normal a uma situação nova agora se torna uma espécie de fardo, capaz de provocar doenças. Uma simples dor de estômago, por exemplo, a partir dessa fase pode se complicar a ponto de se transformar em uma úlcera.

Como já vimos, em situações de alarme — como correr algum perigo ou enfrentar uma entrevista de trabalho —, o organismo volta ao normal tão logo a situação estressante tenha fim. Algumas horas depois, ou após uma noite de sono reparador, não há mais vestígios do que ocorreu. O problema são as situações que não podem ser resolvidas. Nesse caso, a resposta adaptativa do organismo é ativada, mas não termina. Os hormônios do stress, liberados na corrente sangüínea a todo momento, passam a fazer um grande estrago, pois não são aproveitados de modo efetivo. Eles "sobram" no organismo, diminuindo nossa resistência.

Se a reação ao agressor for muito intensa, ou se o agente do stress for muito potente e/ou prolongado, a conseqüência poderá ser ou uma doença ou uma maior predisposição ao desenvolvimento de doenças. Em casos extremos, a fase de exaustão pode levar à morte.

O que essas fases produzem no organismo

Essas três fases, em conjunto ou em separado, podem provocar diversas reações. As mais comuns são a dor de barriga e a diarréia, pois a taxa de velocidade de movimentação do intestino aumenta. Em outras pessoas, porém, é comum a obstipação (intestino preso). Há quem permaneça por mais de uma semana sem evacuar quando submetido a uma situação que exija esforço de adaptação. Também são muito freqüentes a azia e a gastrite, por irritação da mucosa do estômago. Afinal, depois de tanto tempo "engolindo sapos", é normal que o organismo reaja...

Outros problemas vêm na forma de dores musculares (em especial na nuca e no pescoço), cefaléias, erupções na pele (eczemas, pruridos, alergias e urticárias), bruxismo (ranger de dentes à noite) e inflamação da articulação temporomandibular, o que provoca dores lancinantes na boca e nas têmporas.

Além disso, existem inúmeros trabalhos científicos comprovando que, quando uma pessoa é submetida a um stress emocional muito intenso, corre 60% mais riscos de desenvolver câncer.

Stress e câncer

Muitos de nós nascemos com células malignas, que em geral ficam dormentes. Mas, mesmo quietinhas, permanecem à espreita, esperando o momento de se multiplicar. Como nosso sistema imunológico está alerta, e é eficiente, essa multiplicação não acontece.

No entanto, como já vimos, o stress abala o sistema imunológico. Quando esse abalo é muito intenso, a homeostase — isto é, o equilíbrio do organismo — se perde. E isso, em pessoas com predisposição ao câncer, é sinal de perigo. As células malignas, antes paradas, começam a se manifestar. A crescer. A se multiplicar. Afinal, receberam estímulos para isso. E o exército de defesa, que cuidava para que elas ficassem dormentes por toda a vida, já não consegue dar conta do problema. Em menor quantidade, e lutando sem forças, os "soldados" que formam nosso sistema imunológico são incapazes de vencer o câncer, que se instala.

Capítulo 5

O IMPACTO DO STRESS

É muito difícil saber até que ponto o stress pode causar impacto no organismo humano. Somos todos muito diferentes, e por isso uma situação que abala profundamente uma pessoa pode não ter grande valor para outra. Mas existem fatos em nossas vidas, positivos ou negativos, que provocam alterações importantes.

A lista que você verá a seguir não pretende ser conclusiva, pois há inúmeras outras circunstâncias envolvendo cada acontecimento. Entretanto, ela serve para dar uma idéia do valor relativo que certos eventos têm para a maioria das pessoas.

ESCALA DE STRESS PARA ADULTOS	
EVENTO	VALOR DO IMPACTO
Morte da esposa/esposo	100
Divórcio	60
Menopausa	60
Separação conjugal	60
Condenação à prisão	60

ESCALA DE STRESS PARA ADULTOS / cont.	
EVENTO	VALOR DO IMPACTO
Morte de membro próximo à família	60
Lesão muito séria ou doença	55
Casamento	50
Demissão	45
Reconciliação de relacionamento	45
Aposentadoria	45
Alteração na saúde de membro da família	40
Gravidez	40
Dificuldades sexuais	35
Chegada de novo membro na família	35
Alterações no trabalho	35
Mudança na situação financeira	35
Morte de amigo íntimo	30
Aumento de discussões com o companheiro	30
Dívida elevada	30
Execução de dívida ou empréstimo	30
Novas responsabilidades profissionais	25
Dificuldades com parentes do companheiro	25
Realização pessoal muito importante	25
Parceiro começa ou pára de trabalhar	25
Começar ou terminar os estudos	25
Mudança no estilo de vida (reforma na casa, hóspedes)	25
Mudança de hábitos pessoais (dieta, exercícios, parar de fumar)	25

ESCALA DE STRESS PARA ADULTOS / cont.	
EVENTO	VALOR DO IMPACTO
Dificuldades com o chefe	25
Alergias crônicas	20
Mudanças no horário ou nas condições de trabalho	20
Mudança para nova casa	20
Mudança de escola	20
Natal e Ano-Novo	15
Período pré-menstrual	15
Mudança de atividades na igreja	15
Mudanças nas atividades sociais	15
Fazer um empréstimo pequeno	15
Mudanças nos hábitos do sono	15
Mudança de freqüência de encontros familiares	15
Férias	15
Pequenas infrações legais (no trânsito, por exemplo)	10

ESCALA DE STRESS PARA JOVENS	
EVENTO	VALOR DO IMPACTO
Morte (pais, parentes, cônjuge)	100
Divórcio (próprio ou dos pais)	65
Puberdade	65
Gravidez	65
Separação conjugal	60

ESCALA DE STRESS PARA JOVENS / cont.	
EVENTO	VALOR DO IMPACTO
Mandado de prisão	60
Morte de membro próximo à família	60
Noivado	55
Doença ou ferimento grave	45
Casamento	45
Entrada no colégio ou ida para o nível seguinte	45
Mudança de status (independência, responsabilidade)	45
Uso de qualquer droga (incluindo o álcool)	45
Demissão do emprego ou expulsão da escola	45
Mudança no uso de drogas ou álcool	45
Reconciliação conjugal ou com parentes	40
Problemas na escola	40
Problemas sérios de saúde em membro da família	40
Trabalho e estudo	35
Trabalho por mais de 40 horas semanais	35
Mudança de curso	35
Mudança de freqüência de encontros afetivos	35
Problemas de ajuste sexual	35
Novo membro na família (bebê ou novo casamento)	35
Mudança de responsabilidades no trabalho	35
Mudança no estado financeiro	30
Morte de amigo íntimo	30
Tipo diferente de trabalho	30

ESCALA DE STRESS PARA JOVENS / cont.	
EVENTO	VALOR DO IMPACTO
Mudança no número de brigas com parentes e amigos	30
Dormir menos de oito horas por noite	25
Problemas com sogros ou familiares de namorados	25
Grandes feitos pessoais	25
Companheiro ou pais começam ou param de trabalhar	20
Começo ou término de aulas	20
Alteração no estilo de vida (reforma, hóspedes)	20
Problemas com o chefe	20
Mudança no horário de trabalho	15
Mudança de endereço	15
Mudança para nova escola	15
Período pré-menstrual	15
Férias	10
Mudança de freqüência de encontros familiares	10
Pequenas infrações legais	5

Capítulo 6

TESTE SEU STRESS

Este teste tem como único propósito despertar sua atenção para o assunto. Não deve ser encarado como um diagnóstico. Mesmo porque, se você estiver apresentando um único sintoma — seja ele persistente ou fugaz e passageiro —, e se esse sintoma incomodar, é hora de procurar ajuda especializada. Por isso, utilize o teste para identificar alguns problemas e reconhecer a existência do stress.

Para isso, assinale com um X os sinais e sintomas que você tem e que, de alguma maneira, atrapalham sua vida. Depois, repare se esses sintomas são ou não freqüentes. Se forem freqüentes, ou crônicos, é hora de procurar ajuda médica.

- **GRUPO A**
    - Mal-estar geral
    - Corpo cansado
    - Batedeira no peito
    - Disparos no coração
    - Aperto no peito
    - Nó na garganta
    - Respiração curta
    - Falta de ar

- Suor frio nas mãos
- Mãos frias
- Tremores nas mãos
- Tremores nas pálpebras
- Digestão difícil
- Peso na boca do estômago
- Azia
- Náuseas
- Aftas
- Diminuição do apetite
- Emagrecimento
- Fome compulsiva
- Aumento do peso
- Aumento no número de evacuações
- Gases intestinais
- Aumento da freqüência urinária
- Contrações musculares
- Dores no pescoço
- Dores nas costas
- Gripes e resfriados constantes

- **GRUPO B**
  - Acordar cansado
  - Dificuldade para pegar no sono
  - Acordar várias vezes durante a noite
  - Acordar e não conseguir dormir mais
  - Sonolência exagerada durante o dia

- **GRUPO C**
  - Irritação por qualquer motivo
  - Dificuldade de concentração
  - Falta de ânimo para fazer as coisas
  - Acessos de raiva com pessoas próximas
  - Perda da criatividade
  - Alternância de humor

- **GRUPO D**
  - Alteração menstrual
  - Diminuição da libido sexual
  - Ausência de orgasmos
  - Ejaculação precoce
  - Impotência

Parte II

SUCESSO SEM STRESS

Capítulo 7

O PAPEL DA PREVENÇÃO

Depois de conhecer todos os estragos que o stress pode causar em nossa vida, fica no ar uma pergunta: é possível evitá-lo?

A resposta é sim, na maioria das vezes. Por um motivo bastante simples. É que, se não podemos evitar aquilo que causa o stress, isto é, as situações que nos levam a sofrer desgastes emocionais e físicos, podemos aprender a lidar com elas a ponto de que não nos causem mais stress.

Tudo bem, somos incapazes de prever o futuro e de impedir que fatos desagradáveis se abatam sobre nós. Mas temos o poder de reagir de maneira mais positiva às dificuldades que vamos encontrando no caminho. Isso diminui amplamente o impacto do stress. Minimiza suas conseqüências. Leva-nos a evitá-lo. E nos torna sujeitos de nossa própria vida.

Abandonar a postura de espectador daquilo que nos acontece e assumir o papel de autor dessa trama, então, é o primeiro passo para aprender a lidar com o stress e a amenizar sua influência em nosso cotidiano. Ao agir desse modo, ganharemos qualidade de vida. Nosso lado emocional e nosso organismo terão mais força para reagir às situações adversas — essas grandes causadoras de desgastes. E, uma vez fortalecidos, seremos capazes de administrar o stress sem susto e sem muito esforço.

Isso é fácil? Não, não é. Manter uma postura ativa e positiva perante a vida implica mudanças profundas. E toda mudança, você sabe, depende de um esforço consciente.

Mudar hábitos alimentares, abandonar o cigarro, diminuir drasticamente a bebida, exercitar o corpo, dominar as emoções são atitudes que exigem força de vontade. Treino. Constância. Coisas que todos nós possuímos, mas que nem sempre utilizamos. Pois agora é o momento de usá-las. De despertar a energia que, preguiçosa, pode andar meio dormente, mas que, uma vez estimulada, é capaz de nos levar aonde julgávamos impossível ir.

O primeiro passo

Todos nós temos comportamentos saudáveis e destrutivos. Esse é um ponto muito importante. Está ligado a aspectos culturais e sociais, como os costumes do meio ao qual pertencemos. A história e os hábitos da família também são fundamentais na construção de nossa postura de vida, como o são as experiências e o aprendizado desenvolvidos na infância. Nossa maneira de ser, nosso conteúdo interno, recebe e processa todas essas informações à sua maneira. E faz de nós aquilo que somos.

Dentro de nós convivem as forças de Eros e de Tânatos, deuses gregos da vida e da morte, respectivamente. O primeiro, introdutor do amor no mundo, representa a energia construtiva, positiva. Tânatos, ao contrário, é o responsável por nossas pulsões destrutivas. Muitas vezes precisamos destruir hábitos e padrões antigos, e que nos fazem mal, para dar espaço à construção de atitudes que realmente nos ajudem a viver.

No entanto, se essa força destrutiva nos paralisa quando deveríamos avançar, leva-nos a agir contra nossos próprios interesses, em nome da resignação, da preguiça, da acomodação. Frases como "Ah, não adianta mesmo!"; "Estou muito velho para isso"; "As coisas sempre foram assim e nunca vão mudar" nada mais são do que manifestações do lado acomodado, e portanto destrutivo, de todos nós.

Submeter-se a ele significa morrer aos poucos, e essa não é apenas força de expressão. É um fato real. O stress e a vida sedentária, parceiros em tudo, provocam a disfunção de nossos órgãos, além do aumento da taxa de colesterol. Fazem com que o coração trabalhe mais, bata com mais força, se sobrecarregue. O resultado é que, a cada pulsação, o sangue bate com mais intensidade nas paredes das artérias, o que ajuda a endurecê-las, produzindo arteriosclerose e envelhecimento precoce.

Usar a energia de Eros para enfrentar a energia de Tânatos é a grande saída. Destruir o lado destrutivo, quando ele nos impede de viver plenamente, e abrir caminho para novas experiências, que nos sejam positivas, é fundamental. E construtivo.

Um exemplo concreto e corriqueiro seria o de destruir o vício do tabaco para construir o hábito das caminhadas diárias, mesmo que em pequenos percursos. Andar ao menos três vezes por semana ajuda a melhorar a circulação sangüínea, a oxigenação cerebral e evita o envelhecimento precoce, ao diminuir os radicais livres.

Claro que isso não acontece do dia para a noite. É um processo e, como todo processo, leva tempo. Depende de pré-condições internas (que também precisam ser construídas), como a crença de que é necessário mudar. Depende também da mobilização de nossas energias, do estabelecimento de novos objetivos (realizáveis, jamais inalcançáveis), da reorganização de nosso tempo, nosso ritmo, nossas existências. Depende, fundamentalmente, de nossa disposição de dar o primeiro passo. E da consciência de que, se não conseguimos mudar a realidade que nos cerca, podemos ao menos modificar certos conceitos e exigências, criando novos referenciais de vida.

A busca do bem-estar

A sabedoria popular ensina que é melhor prevenir do que remediar. E isso vale também na área da medicina. É preciso perseguir a saúde, e não concentrar a atenção na doença. Em vez de pensar unicamente na cura dos males, atuar no sentido de evitá-los.

Nos próximos capítulos você verá que agir assim é mais simples do que se imagina. Afinal, uma boa alimentação e hábitos saudáveis não podem ser considerados dificuldades intransponíveis. Talvez, como já vimos, chegar lá exija esforço, mas essas práticas, em si, são descomplicadas. Além, claro, de estar ao alcance de qualquer bolso.

Capítulo 8

SALVE O PRAZER!

O papel do prazer deveria ser melhor avaliado. E muito mais considerado do que é hoje. Todos sabemos, por experiência própria, que os pequenos prazeres temperam o dia-a-dia, assim como os grandes prazeres valem cada gota de suor do esforço que fazemos para alcançá-los.

Tornar a vida mais prazerosa, assim, é um dado básico para quem pretende administrar bem o stress. O prazer nos fortalece, proporciona segurança e realização pessoal, faz com que encaremos as dificuldades como obstáculos normais, não como dramas insolúveis. O prazer nos leva, principalmente, a cultivar uma atitude positiva perante a vida. De bem conosco e com aqueles que nos cercam, ganhamos energia para atuar. Os benefícios que isso causa à nossa saúde são incalculáveis.

Um prazer que a correria diária tira do homem moderno é o lazer. Aquele momento agradável que se dedica a algo de que se goste muito, ou que se usa simplesmente para usufruir um descanso mais do que merecido. Por isso, é preciso encontrar um tempo para ele. Não um tempo apertado entre compromissos agendados e inadiáveis, contado segundo a segundo no relógio, mas um período mais livre. Quando se volta do trabalho, por exemplo. Ou antes de iniciá-lo. Basta acordar mais cedo, ou dormir um pouco mais tarde, para conseguir um intervalo para o lazer.

O lazer nos ajuda a *desacelerar*. Isso mesmo, desacelerar é importantíssimo! Quando estamos acostumados a um regime febril de trabalho e compromissos, o organismo procura se adaptar a ele. Como? Utilizando os recursos de nossas reservas biológicas. Mantendo-nos sob um estado constante de stress, como vimos na primeira parte deste livro. Isso, já sabemos, é extremamente prejudicial à saúde. A desaceleração, ao se contrapor ao ritmo estressante de vida, e ao compensá-lo, faz com que nossas reservas voltem ao normal.

Você já deve ter passado pela experiência de ser incapaz de relaxar quando, depois de um ano (ou muito mais) de trabalho, decide tirar férias. Nervosismo, pressão alta, dor de cabeça constante são alguns dos sinais de que o corpo, estressado, está padecendo pelo esforço a que foi submetido durante tanto tempo. Sem o estímulo que o levava a reagir de maneira intensa, ele se ressente. Como não tem mais onde gastar tanta energia, faz com que essa mesma energia, agora concentrada, "saia" na forma de sintomas e/ou doenças.

Isso não acontece quando conseguimos descansar, e portanto desacelerar, diariamente. O organismo "respira", relaxa, se recompõe. E é aí que entra a importância dos momentos de lazer.

O ócio é um grande companheiro

Tomar um banho sem pressa, deitar, fechar os olhos, ouvir uma boa música são excelentes modos de descontrair e aliviar a tensão. Dedicar-se à leitura de algum livro interessante, assistir a um filme — em casa ou no cinema —, preparar uma refeiçãozinha caprichada e especial ou jantar fora, ligar para um amigo que não se vê há tempos, desenhar, pintar, colecionar selos, escrever, entregar-se à modelagem, costurar... As possibilidades são inúmeras.

Caso você não saiba exatamente o que fazer, depois de arranjar um tempo livre, faça o óbvio: tentativas. Lembre-se de alguma atividade de que gostava na infância, na época da faculdade, quando adolescente. Procure retomá-la. Além do benefício orgânico, você terá o benefício psicológico de estar resgatando sua própria história. Muitas lembranças virão, e revivê-las, mesmo as mais dolorosas, ajuda no autoconhecimento, na auto-avaliação, na consolidação ou na transformação de referenciais.

Cultive um *hobby*. Faça dele seu parceiro do ócio, das brincadeiras, do momento mágico de deixar de levar a vida tão a sério. O *hobby*, além de relaxar e dar prazer, funciona como uma ginástica mental. Evita a arteriosclerose cerebral e ajuda a prevenir o envelhecimento.

Se você gosta de se exercitar, procure dedicar-se a um esporte coletivo. Além das vantagens que a atividade física oferece, você irá desfrutar da companhia de pessoas com quem tem ao menos algo em comum (o gosto por aquela modalidade esportiva), além de fazer novos amigos. Converse com eles, procure ouvi-los ao máximo para enriquecer-se com as experiências alheias, debata temas da atualidade, comente as notícias do dia.

Caso você seja religioso, mantenha a espiritualidade em dia. Vá a algum templo meditar e elevar o espírito. Ou faça isso em casa mesmo. Escolha um canto que para você é especial, ponha flores, quadros, objetos que representem momentos importantes de sua vida. Torne esse recanto ainda mais aconchegante, para que o momento de meditação, de oração, seja também um momento gostoso, de descanso e de prazer.

Sorria, pois isso faz bem e rejuvenesce. Gargalhar é uma ginástica respiratória que movimenta dezenas de músculos e estimula a produção de endorfinas, as substâncias responsáveis por nosso bem-estar. Você sabia que o movimento de abrir os lábios num sorriso (mesmo que não haja, naquele instante, nenhum motivo para sorrir) estimula, no cérebro, os pontos que comandam essa sensação? E que isso produz uma sensação agradável? Pois é verdade. Experimente!

Respire fundo, faça uma massagem nos pulmões. Encha o peito, inspire com gosto. Isso faz um bem imenso, oxigena o cérebro, limpa o corpo e induz a um estado de relaxamento, com grande bem-estar. Faça ao menos seis inspirações profundas a cada hora, sentado, com os olhos fechados, os braços sobre as pernas e as mãos abertas.

Caso você não tenha nada a fazer, procure ir para a cama mais cedo. O sono é uma dádiva, aproveite! Quem dorme pouco usa menos de 30% a 40% do próprio potencial — que é pleno caso se tenha de oito a dez horas de sono por noite. Dormir ao menos seis horas é fundamental para que os conhecimentos apreendidos durante o dia sejam de fato incorporados à memória. É como se à noite, durante o sono, o cérebro fizesse uma revisão de tudo aquilo que foi visto.

Além disso, nesse período é produzido o GH, o hormônio do crescimento. Essencial no desenvolvimento das crianças, ele é fundamental nos adultos, pois age como um tônico orgânico, ajudando nos processos de cicatrização e de regeneração celular.

Dormir também ajuda a curar doenças. Durante o sono, nosso exército de anticorpos, que compõe nosso sistema imunológico, é estimulado e multiplicado. O sono é um agente vigoroso contra o stress físico e emocional. Por outro lado, sua falta desencadeia o stress e o perpetua.

Ocupe-se com pensamentos positivos, faça coisas construtivas, boas para sua vida. Dê-se esse presente. Você merece.

Não brigue com seu relógio

"E quando eu tiver saído/ para fora do teu círculo/ tempo, tempo, tempo, tempo/ não terei nem terás sido." (Caetano Veloso, *Oração ao Tempo*)

Esse trecho da canção popular coloca, de maneira poética, a questão da transitoriedade do tempo. Ele, que é uma invenção humana, domina o homem a ponto de deixar de existir apenas quando o próprio homem fenece. Nessas condições, não temos muita alternativa. Ou permitimos que o tempo nos escravize ou aprendemos a viver bem com ele. Ou fazemos dele o nosso senhor ou o tornamos nosso companheiro de jornada. Um companheiro de verdade, capaz de nos trazer benefícios.

Um planejamento adequado das atividades do dia é o primeiro passo para não brigar com o tempo. Ou com seu aspecto material, simbolizado pelo relógio. Sempre que estamos atrasados, e nos sentimos acuados, ansiosos, por causa disso, já desenvolvemos um grau de stress considerável. Aliás, essa é uma das causas mais freqüentes do desgaste físico e emocional dos habitantes das grandes cidades. O tempo parece curto para tudo aquilo que precisamos fazer. O grande problema, por sinal, começa exatamente aí: em ter de atender a demanda das tarefas que nos propomos a executar.

Quem vive em regiões metropolitanas, onde os congestionamentos são freqüentes e o trânsito é lento o tempo todo, em toda parte, deve tomar algumas precauções ao marcar compromissos em lugares muito distantes. O ideal seria sair com bastante antecedência e usufruir o prazer de chegar cedo e relaxar, preparando-se com calma para o que está por acontecer. Quando se chega esbaforido e estressado, física e emocionalmente, o compromisso se desenvolve em um clima tenso. Sem contar o fato de que é necessário inventar desculpas para justificar o atraso.

Marcar compromissos múltiplos e importantes em um mesmo período é desaconselhável. Normalmente, com o primeiro encontro, a energia armazenada já começa a se dissipar. Conclusão: no terceiro ou no quarto o organismo já lançou mão de suas reservas. Isto é, já está sobrecarregado. Entrou em processo de stress.

O ideal é manter um compromisso importante por período. Se não for possível, agende dois. Mais do que isso é contraproducente. Quando respeitamos nossos limites, fica mais fácil lidar com nossos assuntos, sejam eles profissionais ou pessoais. Descansados, conseguimos raciocinar com mais clareza e encontrar soluções onde antes só havia problemas. O cérebro e o corpo funcionam em ritmo próprio, sem esforços inúteis.

Esse, porém, não é o único tipo de relação que mantemos com o tempo. Nosso organismo também *tem* seu tempo. Reage aos estímulos de acordo com uma velocidade que lhe é característica. Aumentá-la só trará prejuízos. O que nos remete, mais uma vez, para o tema da desaceleração.

A ciência demorou para entender por que as pessoas tendem a não desacelerar quando querem e podem fazê-lo. Isso acontece porque, apesar do desejo de relaxar, os fatores que levaram à aceleração não desapareceram internamente. Um bom exemplo disso é quando saímos do trabalho e voltamos para casa. Estamos fisicamente distantes do local e dos problemas que se desenrolam naquele cenário, mas ele ainda preenche um espaço muito grande dentro de nós, em nossa mente. E isso faz com que os mecanismos de manutenção do stress permaneçam ativos.

Outro exemplo é quando se tem uma discussão mais séria e acalorada com alguém. A conseqüência orgânica, muitas vezes, só vai surgir uma semana depois. Isto é, pode inexistir uma relação imediata entre causa e efeito. Afinal, o tempo do organismo não está preso à divisão tradicional de horas, dias, semanas. Esse é o modo de o mundo exterior se organizar. Nem sempre corresponde ao tempo interno.

Muitas vezes, entretanto, as reações às contrariedades não tardam. Colites, alterações intestinais e menstruais, dores de cabeça aparecem quase que simultaneamente à circunstância que causou o aborrecimento, o stress. É preciso ficar atento a esses sinais, porque eles podem estar indicando uma disfunção mais grave, que vai se desenvolver silenciosamente e se manifestar até mesmo alguns meses depois, na forma de doença. Aqui, mais uma vez, é o tempo interno que impera. É ele que controla os efeitos da tensão psíquica.

Tirar partido desse tempo e transformá-lo em parceiro é simples. Basta estar sempre atento aos sinais emitidos pelo corpo. Afinal, como vimos na primeira parte deste livro, o aparecimento de algum sintoma incômodo nos oferece a possibilidade de descobrir, de enfrentar e de tratar as verdadeiras causas desse desequilíbrio. Assim, é possível agir e deter o processo antes que o estrago seja grande demais.

O prazer da sexualidade

Exercer a sexualidade sem medo, além de prazeroso, atua na prevenção do stress. A libido, energia do desejo sexual, tem uma força enorme, que deve ser vivida, jamais reprimida.

É muito importante estabelecer relacionamentos sexuais saudáveis, seja qual for sua opção nesse terreno. Saudável, nesse caso, significa ter um(a) parceiro(a) com quem dividir necessidades e fantasias, em um clima de respeito mútuo.

Não existem fórmulas de atividade sexual. Freqüência, constância e duração são tópicos muito pessoais, e cada um acaba encontrando a sua maneira de viver o sexo. O importante é entender a busca do prazer como realização pessoal e do relacionamento, por intermédio da sexualidade.

Sexo faz bem. Comprovou-se que fazer amor duas vezes por semana é um potente coadjuvante para ativar o sistema imunológico, prevenindo infecções e o aparecimento de doenças. Além disso, o ato sexual queima calorias, emagrece e revigora. A liberação da libido induz ao relaxamento e ao bem-estar.

Privar-se do sexo — como ainda hoje acontece com alguns atletas, que ficam concentrados antes de jogos importantes — só faz mal e diminui o rendimento esportivo. Entregar-se ao sexo imediatamente antes de uma competição pode fazer decrescer a capacidade atlética. Mas, se isso acontecer na véspera da partida, a coisa muda de figura. Nesse caso, só faz bem, realiza, tranqüiliza e otimiza o potencial físico.

Prevenção na gravidez

Quando me perguntam quando deve ter início a prevenção, respondo na hora: na barriga da mãe. A prevenção intra-uterina deve ser feita com a adoção de hábitos saudáveis. O equilíbrio emocional da gestante é importantíssimo para o desenvolvimento adequado da criança. A partir da sétima semana de gravidez, e até a oitava, processa-se a formação do córtex cerebral, região encarregada do movimento, da percepção, dos sentimentos e dos pensamentos. Nessa fase, é fundamental a comunicação entre a mãe e o bebê, por meio da serenidade e do afeto positivo. Sentimentos desagradáveis e angústia, provocados por hormônios e mediadores químicos, interferem negativamente na formação cortical da criança.

As consultas pré-natais, com os exames para a detecção de problemas e doenças (a maioria, hoje, tratável), somados a um bom relacionamento profissional entre a mulher e o ginecologista, são os fatores mais importantes para a saúde do pequeno ser que está se formando. A harmonia do casal também é importantíssima. Devemos considerar que uma gestação planejada e querida é um fator primordial, somado ao carinho e às conversas, à música suave que a mãe deve oferecer à criança.

É necessário lembrar que tudo aquilo que ela sentir e vivenciar será repassado ao feto. Os hormônios do stress, quando produzidos e liberados pelo corpo da mãe, serão sentidos no corpo da criança. Isso pode ser facilmente medido por meio de testes que analisam, por exemplo, a freqüência cardíaca fetal. Um deles é feito por um aparelho chamado *doppler*, colocado sobre a barriga da mãe. Quando se produz um som alto, como o de uma buzina, verifica-se um súbito aumento nos batimentos cardíacos do bebê. Esse ritmo diminui quando a mãe escuta uma música suave, que lhe dá prazer.

Capítulo 9

VENCENDO A ANSIEDADE

Uma de nossas companhias mais freqüentes é a ansiedade. E ela é freqüente porque estamos acostumados a sofrer por antecipação. Muitas vezes, o fato pelo qual sofremos nem irá acontecer, mas somos capazes de nos afligir durante horas, dias ou meses, só por causa da expectativa daquela situação. É como se a estivéssemos vivenciando de verdade.

E, geralmente, carregamos bastante nos aspectos negativos, o que traz muita angústia. Isso acontece porque, embora o fato que nos torna ansiosos exista apenas no âmbito da fantasia, o sofrimento é real e provoca conseqüências reais, como a perda da saúde. O mais irônico é que isso se dá por causa de algo que pode nem vir a ocorrer, ou cujo resultado pode vir a ser muito bom, de um modo como jamais imaginaríamos.

Seja como for, nesses casos a demanda de energia passa a ser muito maior do que a "oferta" (aquilo que você tem disponível para a situação). O resultado disso é a ansiedade. E a ansiedade é um potente fator de corrosão da saúde. É um fator de stress extremamente importante.

Como agir, então, para amenizar os efeitos da ansiedade?

Uma das respostas a essa pergunta é a *dessensibilização*. Isso significa deixar de ser sensível às agressões sofridas no dia-a-dia, às contrariedades que nos incomodam a cada instante. Para tanto, precisamos, em primeiro lugar, reconhecer os fatores da realidade que não vão mudar com nossa ação direta. Quem vive nas grandes cidades, por exemplo, deve entender que um dado de sua realidade é a violência urbana. Isso leva as pessoas a se fechar mais em suas casas, a se isolar, a manter menos vínculos sociais.

Não podemos mudar isso. Podemos, porém, aprender a nos relacionar com essa situação, de modo a não sofrer com ela. Podemos lidar com esses fatos de maneira diferente, para que não nos prejudiquem. É necessário fazer as pazes com a realidade que nos cerca, e modificar a forma de pensar as agruras do dia-a-dia. Isso se chama dessensibilização. Se você se dessensibilizar, se não se mostrar tão sensível aos problemas cotidianos e àquilo que interpreta como causas do mal-estar, seu grau de stress diminuirá.

Precisamos, em primeiro lugar, analisar cada situação e verificar de que maneira poderemos aprender a conviver com ela. Claro que isso não acontecerá de uma hora para outra. É um treinamento. Com paciência e perseverança, seremos capazes de identificar com clareza nossas fontes de angústia e perguntar: "O que posso mudar nisso?". O próximo passo é atuar para modificar apenas o que for possível, e impedir que aquilo que estiver fora de nosso alcance nos perturbe a ponto de provocar angústia e ansiedade.

A dessensibilização diminui o grau de stress porque evita que o organismo tenha necessidade de se adaptar a todo momento. E isso nos leva a viver com mais serenidade e harmonia. Um exemplo são as melhoras sentidas por pessoas que sofrem de pressão alta. Algumas dessas pessoas sabem que a pressão se eleva quando passam por alguma situação estressante, e já aprenderam a dessensibilizar-se. Os episódios hipertensivos, nesses casos, tornaram-se mais escassos. Além disso, os níveis habituais da pressão arterial tendem a decrescer, o que reduz a quantidade de remédios.

Definindo metas com equilíbrio

Outra maneira de manter a ansiedade sob controle é definir objetivos possíveis. Em geral, procuramos realizar muitas coisas ao mesmo tempo. Isso nos torna tensos, ansiosos. Quando colocamos nossas metas muito longe da realidade, temos a sensação de que nunca vamos alcançá-las, o que traz um sentimento de impotência e incapacidade enorme.

Assim, essa ansiedade é fruto de um desequilíbrio entre a quantidade de energia que nosso organismo põe à nossa disposição, para realizar uma tarefa, e a quantidade de energia que essa tarefa exige de nós. A conseqüência é bem conhecida: a ansiedade gera a angústia e a angústia gera doenças.

Esse é o mecanismo de formação da maioria dos males ligados ao stress, como gastrite, colite, hipertensão arterial, dermatites, eczemas, enxaqueca, angina, infarto, obesidade etc.

Idade biológica e idade emocional

Um grande fator gerador de ansiedade é a sensação de estar velho. Isso é muito comum hoje em dia, uma vez que a mídia nos bombardeia diariamente com imagens idealizadas da juventude. Além disso, existem setores profissionais nos quais só os jovens conseguem ingressar.

Essa maneira de ver as coisas tem uma base sociocultural que, felizmente, está se desmanchando. O envelhecimento da geração que fez a revolução dos costumes, nos anos 60, tem muito a ver com isso. A postura contestadora, a determinação de destruir velhos paradigmas e de mostrar a força e os benefícios da experiência, do amadurecimento, vêm derrubando, no mundo inteiro, a antiga supremacia do "poder jovem".

Muitos dos rebeldes de vinte, trinta anos atrás hoje estão no comando de empresas importantes, em setores estratégicos. Por conhecer o valor da experiência, esses ex-rebeldes continuam abrindo espaço para os que, como eles, chegaram aos sessenta em plena forma.

Além disso, aumenta o número de pessoas de meia-idade que buscam programas de reciclagem profissional, que decidem encarar cursos de especialização ou de pós-graduação, que prestam vestibulares, fazem supletivos ou mesmo que procuram se alfabetizar. Essa é mais uma prova de que a idade está deixando de ser uma barreira intransponível.

Na verdade, a idade biológica, que se refere às células de nosso organismo, embora importante, não é fundamental. A idade emocional sim, é básica em nossa vida. Ela engloba o valor que damos a nós mesmos, nossa auto-estima, nossa autoconfiança, nossa capacidade de fazer planos e de executá-los.

É a idade emocional que faz com que "velhos" pareçam extremamente jovens. E que, no outro extremo, faz com que haja moços e moças "idosos" em relação à maneira de agir, sem dinamismo, apáticos, incapazes de enfrentar as mais diversas situações.

É preciso levar isso em conta antes de sentir-se ultrapassado ou de se entregar ao desânimo que acompanha o medo de envelhecer. A maturidade, não podemos esquecer, traz serenidade, sabedoria. Devemos usar essas vantagens em nosso benefício. Do contrário, desejaremos ser algo que não somos mais, não nos aceitaremos, travaremos uma luta inglória e sem sentido contra nós mesmos.

O processo do envelhecimento não causa ansiedade, e portanto nem stress, nem doenças, a quem se sente satisfeito pelo simples fato de estar vivo. A quem tem prazer em saber que vivenciou parte da aventura humana, e que, curioso, pretende continuar sendo sujeito e ator dessa grande, misteriosa aventura.

Capítulo 10

AS ARTIMANHAS DO CORAÇÃO

Há muito tempo, quando a ciência ainda não havia descoberto que a química das emoções passa pelo cérebro, achava-se que o responsável pelos sentimentos era o coração. Essa crença, que permeou a vida dos povos antigos, vinha do fato de as sensações mais intensas se expressarem, fisicamente, no peito. O coração, por exemplo, era considerado a sede do amor. Por esse motivo, até hoje, quando se pretende representar a paixão, desenha-se um coração flechado. Para o fim de um relacionamento, desenha-se um coração partido, apertado, com lágrimas.

Apesar de não ser a fonte das emoções, porém, o coração é o órgão que mais reage a elas. A freqüência cardíaca aumenta, bem como a força de contração. A média de setenta e duas batidas por minuto dispara e ultrapassa a marca da centena. A pulsação, você sabe, acelera.

No entanto, fora dos momentos em que o coração bate por amor, sofre por amor ou passa por qualquer outra alteração, nem você, nem eu, nem ninguém presta muita atenção a ele. Porque o coração trabalha em silêncio. A despeito de sua importância, não faz alarde. Não aparece.

Mas recebe as influências daquilo que vivemos. Tanto que, às vezes, dói, sufoca, aperta, muda de ritmo, pára. E é só nessas horas que decidimos verificar o que há de errado com ele.

Deveríamos, isso sim, verificar o que há de errado em *nós* para deixar que o coração chegasse a seu limite. Porque, se o houvéssemos tratado com carinho, ele não teria reagido de maneira tão problemática. E não teria ficado doente.

A doença arterial coronariana é o resultado do entupimento das artérias que irrigam com sangue os nossos corações. Preste bem atenção aos fatores de risco que condicionam essa doença, que é a que mais mata em todo o mundo. Somente no Brasil são trezentas mil mortes ao ano, o que dá uma média de um óbito a cada dois minutos.

FATORES DE RISCO PARA O CORAÇÃO
Obesidade
Tabagismo
Sedentarismo (não fazer exercício físico)
Stress emocional
Hipertensão arterial (pressão alta)
Dislipidemia (aumento das gorduras no sangue)
Diabetes mellitus (aumento do açúcar no sangue)
Hereditariedade

Deixei por último a *hereditariedade* não por ser o aspecto menos importante, mas porque é o único da lista que não pode ser modificado. O único! Todos os outros fatores de risco são passíveis de mudança. Basta querer, ter determinação e força de vontade.

E não é preciso mudar de modo radical, alterando tudo de uma vez. É possível começar por uma consulta de prevenção. Seu médico irá solicitar testes laboratoriais simples para checar o colesterol total — com sua fração boa (HDL) e a fração ruim (LDL) —, os triglicérides (outra forma de gordura), a glicemia (taxa de açúcar no sangue) e alguns outros, específicos para o seu caso.

Depois, também aos poucos, vá modificando alguns hábitos. Diminua gradativamente o cigarro, o álcool, a comida gordurosa. Faça caminhadas, ou alguma outra atividade física que lhe dê prazer, duas ou três vezes por semana. Como dizem os italianos, "Piano, piano se va lontano".

Quanto aos outros fatores, como a *hipertensão* arterial, devem ser tratados e acompanhados por seu médico. Mas saiba desde já que exercícios leves, diminuição da tensão, diminuição do peso e uma pequena redução do sal na dieta muitas vezes normalizam a pressão, sem a necessidade de medicamentos.

A *dislipidemia* (gorduras aumentadas no sangue) requer atenção, pois 42% dos adultos apresentam colesterol alto. O uso de medicamentos, para a maioria das pessoas, só será indicado após instituída uma dieta pobre em gorduras saturadas (gordura animal, por exemplo) e a realização de exercícios físicos. Há quem tenha dislipidemia por alterações metabólicas, por causa de fatores genéticos. Nesse caso, são indicados remédios como as estatinas, que têm dado ótimo resultado.

Muita gente ingere berinjela (*Solanum melongena*) para baixar o colesterol, um conhecimento popular muito difundido em nosso país. Na minha opinião, ela deve ser usada como coadjuvante, auxiliar no tratamento. Na verdade, existe quem se beneficie muito da berinjela. Duas fatias batidas com suco de laranja, pela manhã, são ideais. A planta tem uma ação semelhante à das fibras, proporcionando uma sensação de plenitude gástrica, diminuindo o apetite. Possui flavonóides e antocianinas, substâncias que ajudam na degradação do colesterol, além de ser rica em aminoácidos e vitaminas do complexo B, cálcio, potássio, fósforo e zinco.

O fator *diabetes* incide em 7,6% da população brasileira. É o famoso vilão associado aos açúcares e aos doces. Apresenta-se de duas formas. O tipo 1 costuma aparecer antes dos 30 anos, requer o uso de insulina diariamente e tem causa imunológica — é uma doença auto-imune, provoca a destruição das células do pâncreas responsáveis pela fabricação de insulina.

Já o diabetes tipo 2, o mais freqüente, pode ser prevenido e tratado com mudanças no comportamento. Tem grande participação hereditária e aparece em pessoas com mais de 40 anos, que estejam acima do peso. No entanto, é mais comum em indivíduos de 60 anos. Aparece quando a taxa de insulina no sangue diminui.

Essa diminuição se dá por dois motivos. O primeiro é a lenta e progressiva redução na fabricação da insulina; o segundo, seu menor aproveitamento pelo organismo. O diabetes hoje aparece como epidemia, em função da obesidade e do sedentarismo da sociedade moderna.

Quanto ao *stress*, podemos afirmar que, se for controlado, diminui em 77% o risco de novos problemas cardíacos, em pacientes cardiopatas. É muito freqüente a associação entre stress psicossocial e problemas cardíacos. Na época da Guerra do Golfo, houve um aumento muito grande de casos de infarto agudo do miocárdio no hospital de Tel-Aviv, em Israel, na semana seguinte aos ataques aéreos, comparados à mesma semana do ano anterior. Em 1994, na semana em que houve o terremoto de Los Angeles, verificou-se, no Hospital Samaritano, a ocorrência de cinco vezes mais infartos fatais, comparados aos três anos anteriores.

As pessoas com maior propensão a problemas coronarianos foram classificadas como portadoras da personalidade tipo A. São extremamente ansiosas, entregam-se a várias atividades ao mesmo tempo e são incapazes de se sentir recompensadas pela atuação que tiveram. Têm premência de tempo, brigam com o relógio e não toleram frustrações.

A *obesidade* é uma doença séria, que provoca graves danos ao coração. Sabe-se que um aumento de 10% a 20% do peso ideal é acompanhado da elevação de 25% da taxa de mortalidade por doença coronariana. Se o aumento no peso for de 40%, o risco de morte súbita ou infarto fatal chega a 70%. Se você está acima do peso, eu diria que há "pesados" motivos para começar a perdê-lo.

Coração e depressão

A depressão, até bem pouco tempo, era tratada sem muito ânimo pelas pessoas e pelos médicos. Hoje, felizmente, está sendo abordada de modo adequado. Vem perdendo o estigma de doença ligada à falta de força de vontade ou ao desleixo. Atualmente, sabe-se que ela pode aparecer como reação a uma grande perda, ou pela diminuição da concentração de neurotransmissores como a dopamina e a serotonina, responsáveis por levar as informações cerebrais entre um neurônio (célula cerebral) e outro. A escassez desses neurotransmissores torna esse processo mais lento, o que provoca melancolia, perda de interesse e prazer na maioria das atividades, mesmo naquelas que, até então, eram consideradas agradáveis. O humor do deprimido não melhora quando algo de bom acontece.

A doença se manifesta de duas formas. A depressão menor caracteriza-se pela ocorrência de episódios depressivos por duas semanas, ao menos. Existem pessoas que desenvolvem humor depressivo até três meses após a ocorrência de alguma situação estressante, de causa psicossocial, com recuperação até seis meses após o episódio. A depressão maior apresenta, por no mínimo duas semanas, ao menos cinco dos sintomas que estão no quadro a seguir.

SINTOMAS DA DEPRESSÃO
Humor depressivo, diferente do habitual
Insônia terminal (acordar duas horas antes do previsto)
Piora no período da manhã
Letargia ou agitação psicomotora
Anorexia (falta de apetite)
Diminuição ou aumento do peso (5% ao mês)
Culpa excessiva ou inapropriada
Perda acentuada de interesse ou prazer nas atividades habituais
Dificuldade de concentração ou indecisão
Pensamentos freqüentes sobre morte e suicídio

Embora esses sejam os sinais mais comuns, podem existir formas totalmente atípicas de depressão, como excesso de sono e aumento de apetite, levando à obesidade. Somente o seu médico pode dar um parecer adequado.

Hoje sabemos que as pessoas depressivas têm uma maior incidência de doenças coronarianas, com risco de duas a quatro vezes maior de sofrer um infarto agudo do miocárdio. A depressão aumenta em até duas vezes o risco de evolução fatal das doenças cardiovasculares em pessoas entre os quarenta e sessenta anos de idade.

Pesquisas indicam que, dos deprimidos, 38% voltam a trabalhar três meses após o infarto, enquanto, nas pessoas sem depressão, esse índice se eleva para 63%.

Dois terços das pessoas deprimidas apresentam sintomas de ansiedade. Além disso, são mais resistentes a tomar a medicação para o coração, a seguir exercícios físicos, a largar o cigarro e a mudar a alimentação.

Estudos científicos mostram que indivíduos deprimidos têm uma atividade plaquetária aumentada, ou seja, seu sangue tende mais à coagulação, o que pode levar a tromboses. Há uma maior produção de adrenalina, que pode ser responsável pelo aumento de mortes súbitas por arritmia cardíaca. Além disso, existe também a propensão de menor variabilidade da freqüência cardíaca durante o dia, predispondo ao aparecimento de uma das arritmias mais fatais, a fibrilação ventricular.

A depressão é grande causadora do stress. Provoca o aumento crônico e contínuo de hormônios como o cortisol, elevando o colesterol, os triglicérides e aumentando a pressão arterial.

Felizmente, hoje em dia, há tratamentos eficazes contra a depressão. Medicamentos e psicoterapias têm ajudado muito os que sofrem com esse problema. Por isso, procurar ajuda médica é essencial na busca de sua solução.

O cigarro queima a saúde

O tabagismo, vício mortal, que por anos foi símbolo de *glamour*, é responsável por 80% dos casos de ataque cardíaco em pessoas com menos de cinqüenta anos.

No geral, quem fuma corre cinco vezes mais o risco de sofrer um infarto agudo do miocárdio.

Sorte que, hoje em dia, esse vício é considerado politicamente incorreto. O fumante é visto como alguém com grande fragilidade emocional, que precisa do apoio do cigarro para sentir-se seguro. Ele fuma porque está triste, ou porque está feliz, ou porque está nervoso, ou para relaxar, ou depois do sexo ou do cafezinho. Como se vê, tudo vale como desculpa para mais uma tragada. Eles, os fumantes, já são reconhecidos como inadequados em ambientes públicos. Em especial por soltar uma fumaça malcheirosa que, antes de poluir o ambiente, poluiu os pulmões de quem a exalou.

Ainda bem que hoje quem fuma é visto assim. Porque durante anos o cigarro foi associado à força, à garra, à vida esportiva, ao prazer. Mais do que uma ironia, essa é uma tragédia lúgubre. Afinal, nada pode ser mais antigarra, antiforça, antiprazer, antivida do que um tubetezinho cheio de venenos que provoca, comprovadamente, câncer de pulmão, enfisema, bronquite. Causa também câncer de boca, laringe e traquéia, além de trombose vascular e derrames, impotência sexual, diminuição da capacidade cardiorrespiratória, câncer de mama, abortamento e malformação fetal, além do nascimento de crianças de baixo peso e com déficit de inteligência. A pessoa que fuma tem rugas e envelhecimento precoce.

Mas aqueles que fumam — e no Brasil são 31 milhões — têm, atualmente, possibilidades maiores de largar o vício. A prescrição de modernas substâncias antidepressivas, associadas à psicoterapia, tem apresentado resultados muito bons.

Coração feminino: um caso muito sério

A doença cardiovascular é, atualmente, a principal causa de morte entre as mulheres. O quadro é ainda mais grave porque, a partir dos anos 60, a incidência da doença diminuiu, na população em geral, com as medidas preventivas adotadas pelos países mais desenvolvidos. Porém, nas mulheres, a incidência de angina, infarto agudo do miocárdio e morte súbita aumentou em 28%. Por quê?

Porque a mulher entrou definitivamente no mercado de trabalho. Com isso, seu nível de stress aumentou de modo inacreditável, a alimentação piorou muito, o tabagismo, antes característica do sexo masculino, hoje é igualmente disseminado entre ambos os gêneros. Além disso, a obesidade, o diabetes e a hipertensão também se tornaram mais freqüentes nas mulheres. No final dos anos 70, a população de brasileiras que trabalhava fora de casa era de 14 milhões. Hoje, são 28 milhões, expostas aos mesmos fatores de risco que envolvem os homens.

As doenças cardíacas matam duas vezes mais as mulheres do que a soma de mortes causadas por câncer de mama, útero, ovário e colo de útero. Mulheres que fumam dez cigarros por dia têm 50% a mais de chance de ter um infarto do que as não-fumantes. Esse risco é duplicado se a quantidade subir para um maço por dia. Já parar de fumar diminui de 50% a 70% o risco de doença cardíaca.

No Brasil, 47% dos fumantes são mulheres. As que tomam anticoncepcionais e fumam têm multiplicadas por dez as possibilidades de infartar. O colesterol ruim, o LDL, aumenta muito com a idade, principalmente após a menopausa. Em compensação, o exercício físico diminui consideravelmente a mortalidade coronariana entre o sexo feminino. Mulheres que praticam esportes têm risco 30% menor de sofrer câncer de mama, não importando a idade em que começam a praticá-lo. Em relação ao câncer, por sinal, o estilo de vida é mais importante do que o fator genético. Enquanto 5% a 10% dos casos estão relacionados à hereditariedade, 70% a 80% deles se devem a fatores comportamentais (tabagismo e sol excessivo, por exemplo).

A menopausa, por causa da diminuição do estrógeno, leva a um aumento da doença coronariana. Se for feita a reposição hormonal, no entanto, o risco diminui de 30% a 50%. A mulher brasileira tem um dos maiores níveis de obesidade, em comparação com outros países. Esse é um importante fator de risco, que deve ser tratado com seriedade. Em especial porque, em nosso meio, grande parte das mulheres julga que as doenças cardíacas são exclusividade dos homens, e por isso raramente se submetem a um *check-up* cardiológico.

Está mais do que na hora de mudar esse quadro. Podemos contar com você?

Doença coronariana em crianças e adolescentes

Os fatores de risco não são exclusivos dos adultos. As crianças e os jovens, cada vez mais expostos à obesidade, ao fumo e à pílula anticoncepcional, correm sérios riscos de infartar ao chegar à terceira década de vida.

Hoje, estudos de necropsias por causas diversas apontam que 50% das crianças com um ano de idade têm estrias gordurosas na aorta. A partir dos dez anos, 100% apresentam também envolvimento coronário, com íntima relação entre o aumento do LDL (o mau colesterol) e essas lesões. A doença pode até mesmo surgir na vida intra-uterina.

Quanto mais cedo os fatores de risco forem modificados, maior a chance de prevenir ou adiar o aparecimento desses males. Pessoas com menos de vinte anos que têm parentes em primeiro grau com dislipidemia ou aterosclerose precoce devem aferir com regularidade suas taxas de colesterol e triglicérides.

A obesidade, doença seriíssima, é um dos grandes fatores de risco para a coronariopatia infantil, além de potencializar o aparecimento de hipertensão arterial e dislipidemias. Se tomarmos como exemplo os Estados Unidos, onde 25% das crianças são obesas, veremos como os maus hábitos atuais, como o tempo gasto em frente à televisão, o alto consumo de alimentos ricos em gorduras e a falta de atividades físicas, influenciam a população infantil.

Detalhe: os bebês que mamam no peito, nos primeiros seis meses de vida, têm menores chances de desenvolver obesidade, tanto na infância como na fase adulta. As crianças acima de dois anos devem ter uma alimentação equilibrada. A gordura não pode ultrapassar 30% das calorias diárias e o colesterol não deve exceder a marca de 300 mg por dia.

O stress, como fator de risco para a coronariopatia, já se manifesta na idade infantil. Deve ser alvo de atenção especial, uma vez que, nos dias de hoje, as crianças são superexigidas, com múltiplas atividades, e quase não têm tempo para o tão benéfico lazer.

As pílulas anticoncepcionais atuais, com baixos níveis de estrógeno, não são um risco para o coração das adolescentes. A menos, claro, que elas fumem, sejam obesas, sedentárias ou com histórico de doença coronariana ou dislipidemia na família.

Uma pesquisa avaliou, por doze anos, filhos de pacientes coronarianos jovens. No total, eram 104 crianças de dois a doze anos e 176 adolescentes de treze a dezenove anos. Cerca de 48% tinham colesterol acima do normal, e 45% estavam com o LDL (colesterol ruim) alterado. Além disso, 20% desses jovens eram obesos e 10% eram fumantes.

No Brasil, aproximadamente um quarto da população é composto por adolescentes. No mundo, estima-se que haja um bilhão de jovens entre dez e dezenove anos. Esses números mostram a importância, junto aos adolescentes, de campanhas de massa que os conscientizem a manter sob controle esses fatores de risco.

Capítulo 11

A IMPORTÂNCIA DA ALIMENTAÇÃO

A alimentação é um assunto apaixonante. Todos sabem de sua importância, mas infelizmente poucos utilizam bem aquilo que sabem. A proposta da reeducação alimentar é difícil. Mudar os hábitos de alguém com mais de trinta anos, com o paladar já acostumado ao sabor de alimentos industrializados e sem grande valor nutricional, é uma tarefa árdua. Precisa ser feita lentamente, com paciência e força de vontade.

Com crianças, é mais fácil. Porque, com elas, a proposta é educar, não reeducar. Claro que, bombardeada diariamente por anúncios que enaltecem o hambúrguer com fritas, os salgadinhos, os doces, a meninada vai olhar feio para os vegetais e torcer o nariz quando legumes e verduras forem colocados em seu prato.

O ideal, nesses casos, é incluí-los na alimentação aos poucos, até mesmo disfarçadamente. Misturar, por exemplo, um pedacinho de chuchu ou abobrinha no arroz e feijão, e ir aumentando gradativamente a quantidade, é uma tática que costuma funcionar. Com o passar do tempo, o paladar acostuma-se aos vegetais.

Mas é importante que a família também os inclua na dieta, no dia-a-dia. O prato dos pais deve ser pleno de folhas, raízes, frutos.

O exemplo dado em casa é fundamental. A criança precisa ver, desde muito pequena, travessas de salada à mesa. Em um primeiro momento, ela pode ser atraída pelas cores e pelos formatos variados dos vegetais. O ideal é dispor os vegetais combinando tonalidades e formas. Vermelho, verde, laranja, branco, roxo, carmim... As possibilidades são muitas.

Peça à criança que ajude na arrumação da travessa. Onde colocar o tomate, vermelhinho? Fazendo contraste ao lado da alface, bem verdinha? Ou junto da cenoura, cuja cor está mais próxima ao vermelho, no espectro? O repolho roxo combina com o nabo? E a beterraba, vai bem perto da couve?

Além das cores, é possível brincar com os formatos. Que tal um trenzinho de pepinos? Uma casinha com vagem? Uma careta com ervilha torta e milho? Dessa maneira, a criança terá prazer em lidar com legumes e verduras. E verá os pais como parceiros de brincadeiras. Assim, as refeições, bem mais divertidas, vão se tornar momentos agradáveis, não uma obrigação aborrecida.

Obesidade e mecanismos de regulação do apetite

A fome é um processo biológico, mas a necessidade de comer envolve mecanismos psicológicos muito importantes. Vamos examiná-los.

Existe uma região no cérebro que se chama centro da saciedade. E como ela funciona? Se eu colocar um prato enorme de macarrão à minha frente e começar a comer devagar, se não estiver ansioso e não for usar a comida como subterfúgio para as minhas ansiedades, para preencher os espaços vazios na minha vida, comerei devagar. E, quando chegar à metade do prato, vou parar e pensar: "Não agüento mais. Estou saciado".

Isto é, a fome biológica já se foi, pois, comendo devagar e mastigando bem os alimentos, há tempo hábil para o centro da saciedade ser estimulado e emitir um sinal para que paremos de comer. Além disso, a mastigação adequada faz com que os alimentos cheguem ao estômago bem triturados, facilitando muito o processo de digestão. Ela acontece mais rapidamente, o que impede aquela sensação de "peso" após as refeições.

Vejamos agora o que ocorre na grande maioria dos casos de obesidade. A fome, aí, é diferente, compulsiva, sem fim. E por motivos emocionais facilmente identificáveis.

A maior parte dos obesos não apresenta nenhuma disfunção hormonal que os leve a comer indiscriminadamente. Apresenta, isso sim, uma infeliz conjunção: gostar de comer e compensar o lado psicológico com quantidades desproporcionais de alimentos, em geral ricos em conteúdo calórico. Além disso, são pouco afeitos às atividades físicas, que gastariam grande parte das calorias ingeridas a mais. Sem uso, elas se acumulam, formando depósitos de gordura.

Comer é um fenômeno que traz bem-estar, tranqüilidade. Em certas pessoas, porém, a fome é insaciável. Existe, é claro, a boa intenção de não exagerar. Diante de uma caixa de bombons ou de um saco de balas, essas pessoas prometem se controlar e comer "só um pouquinho". Mas, dali a alguns minutos, não sobra mais nada na caixa, ou no saquinho.

Por que isso acontece?

Porque o que está em jogo, agora, não é mais a necessidade de satisfazer um processo biológico. É, na verdade, algo que está muito além disso. Trata-se de uma compulsão, um ato que a pessoa não controla. Ela tem consciência de que deve parar, de que não está faminta, mas simplesmente não consegue se deter. Come até passar mal. Existem casos extremos, em que essa compulsividade, somada a um distúrbio de comportamento, de auto-imagem, leva a pessoa a comer e em seguida a provocar o vômito. Chama-se bulimia e requer atenção médica urgente. Há tratamentos bem-sucedidos com medicamentos e terapia.

Existe outro motivo, porém, para gostar de sentir o alimento na boca. A verdade é que ela é um órgão que proporciona prazer. Um órgão erógeno. Uma mucosa através da qual sentíamos um prazer imenso, ao mamar no seio materno. Essa informação ficou gravada em nosso cérebro. Então, quando estamos comendo, também sentimos prazer, pelo contato do alimento com a mucosa oral. Esse é um dos motivos por que alguns fumam, ou roem as unhas, ou mascam chicletes o tempo todo.

Caso você ache que está exagerando nessa busca de prazer, procure ajuda. Em primeiro lugar, dentro de você. Uma vez consciente de que quer realmente mudar, converse com seu médico. Peça orientação. E vá em frente.

Como manter uma rotina alimentar saudável

O ideal é não passar grandes períodos sem colocar alguma coisa no estômago. Isso porque o órgão produz ácidos que vão trabalhar no vazio e machucar-lhe a parede. Por esse motivo, o mais apropriado é comer um pouco a cada três ou quatro horas: desjejum, almoço, lanche da tarde, jantar e lanche da noite. Se sentir necessidade, faça uma pequena refeição entre o café da manhã e o almoço. E nunca esqueça da merenda da tarde.

Procure comer moderadamente a cada vez. É importante ingerir os alimentos devagar, mastigando-os bem. Quando exageramos na quantidade, ficamos com o estômago dilatado. Isso pode favorecer o aparecimento do refluxo gastroesofágico, que é o retorno do alimento já digerido para o esôfago. Pior ainda para as pessoas que têm hérnia de hiato, porque esse quadro se intensifica e fica mais grave, em especial quando se tem o hábito de deitar depois das refeições.

SUGESTÃO DE UM DIA ALIMENTAR PARA UM ADULTO QUE QUER MANTER O PESO					
Desjejum	Lanche da manhã	Almoço	Lanche da tarde	Jantar	Lanche da noite
1 iogurte ou 1 copo de leite desnatado, com café ou chocolate Mel, ou açúcar mascavo, ou refinado, ou adoçante (para quem quer emagrecer) 2 fatias de pão integral com requeijão light 1 fatia de mamão papaia	1 fruta	Salada de alface, tomate, palmito e rúcula Filé de peixe grelhado ou peito de frango Arroz integral ou purê de batata ou lentilha ou feijão 1 fruta	Sanduíche de pão integral e queijo branco ou 1 iogurte light	Salada a escolher Prato de pasta com molho vermelho 1 fruta	1 iogurte light ou 1 copo de leite

O material em digestão começa a voltar porque existe um limite de quantidade de alimento que o estômago pode suportar. É como um balde de água. Se você o encher além de sua capacidade, ele entorna. Há outro motivo pelo qual evitar exageros, e que está ligado ao tempo normal de permanência do alimento no estômago. Quando há excessos na quantidade ingerida, esse tempo vai aumentar, provocando a sensação de má digestão.

Outro aspecto importante é comer sempre com prazer, e sem (muita) correria. O ideal é sair da mesa ingerindo 25% menos alimentos do que normalmente faríamos. Isso significa deixar de comer um quarto do total habitual. Afinal, o estômago deve trabalhar com folga.

Nunca é demais repetir: quando se coloca, de uma vez, muita comida no estômago, a tendência é que ela reflua para o esôfago, provocando azia e queimação, ou que vá adiante, para o duodeno, sem que haja tempo de ser digerida pelos sucos gástricos. O resultado, como já vimos, é a sensação de má digestão.

Também é preciso prestar atenção à relação entre nossos gastos calóricos e a alimentação que mantemos. As pessoas que trabalham sentadas o dia inteiro e não praticam nenhuma atividade física comerão bem menos do que um trabalhador braçal ou alguém que faz ginástica diariamente.

Há um dado muito interessante sobre as diferenças de gastos de caloria no passado e nos dias atuais. Quarenta anos atrás, só para desempenhar as tarefas do dia-a-dia, as pessoas queimavam mais calorias do que um esportista, hoje. As facilidades tecnológicas — controle remoto, telefone sem fio, ar-condicionado e persianas elétricas movidos a distância, elevadores, escadas rolantes — que invadiram o mundo, de lá para cá, tornaram o homem muito mais sedentário. Só nessas tarefas, gastaríamos, em média, 250 calorias por dia. Seriam 7.500 ao mês e noventa mil calorias por ano. Isso significaria, aproximadamente, 3,750 quilos a menos a cada doze meses.

Os segredos da boa alimentação

Uma refeição saudável contém 50% de carboidratos, 15% a 25% de proteína e 15% de gordura, e deve ser completada com a maior quantidade possível de fibras — de preferência na forma de folhas cruas, frutas, legumes e verduras.

Um modo prático de montar um cardápio é conhecer os vários grupos de alimentos e utilizar a quantidade correta de cada um deles. Observe o quadro a seguir.

TABELA DOS ALIMENTOS		
1. Construtores	**2. Energéticos**	**3. Reguladores**
Importantíssimos, atuam na formação dos tecidos e na sua manutenção. São como os tijolos de uma casa, fundamentais para mantê-la de pé. São a nossa fonte de proteínas. Devem participar com até 15% da dieta. **Exemplos:** carnes, peixes, ovos, leite e seus derivados, feijão, grãos (de bico, lentilha, soja etc.).	Responsáveis por nossa fonte de energia, mantêm as reações químicas do organismo em funcionamento. São como o combustível de nosso carro. Devem compor de 50% a 60% da dieta. **Exemplos:** arroz, pães, massas, cereais, batata, mandioca, farinhas etc.	Responsáveis pela digestão e pela absorção de todos os nutrientes. Funcionam como o óleo de um veículo, para fazê-lo rodar melhor. Muito importantes, são ricos em fibras, sais minerais e vitaminas. Ajudam a melhorar o funcionamento do intestino, aumentam a resistência contra infecções e agem em centenas de outras reações do metabolismo. **Exemplo:** todas as frutas, verduras e legumes.

Há ainda um quarto grupo, o dos alimentos energéticos extras. É formado pelos açúcares adicionais (açúcar de mesa e doces em geral), as gorduras e os óleos, fontes importantes das vitaminas A, D, E, K, das quais não podemos prescindir. Mas é preciso consumi-los com muita cautela, pois têm um alto valor calórico.

Entendendo a obesidade

Quem é obeso precisa emagrecer. Porque a obesidade é uma doença e precisa ser encarada como tal. Em geral, vem acompanhada de diabetes, hipertensão, cardiopatias, problemas na coluna e em outras articulações, além do desconforto emocional. Os obesos têm uma esperança de vida diminuída por causa das complicações cardiorrespiratórias associadas ao peso.

E quem é obeso? Quem tem Índice de Massa Corpórea maior do que 30. Para achar o seu, basta dividir seu peso, em quilos, pelo quadrado da altura. Observe o quadro a seguir.

CÁLCULO DO ÍNDICE DE MASSA CORPÓREA (IMC)		
IMC = $\frac{peso\ (kg)}{altura \times altura\ (metro)}$	de 18 a 24,9	normal
	de 25 a 29,9	sobrepeso
	maior do que 30	obesidade
	maior do que 40	obesidade mórbida

Vejamos o cálculo para alguém que pese 95 quilos e tenha 1,72 m.

$$\frac{95}{1,72 \times 1,72} = 32,09 \text{ (IMC)}$$

Como o IMC, neste caso, é superior a 30, a pessoa pode ser considerada obesa. No entanto, é preciso tomar certo cuidado ao defini-la como tal. Indivíduos musculosos, por exemplo, têm o peso aumentado não em função da gordura, mas da grande massa muscular.

A diminuição de peso, e não a busca obsessiva por um padrão raquítico e subnutrido, como querem alguns, é uma força potente, que ajuda na melhora de inúmeros processos orgânicos e psicossomáticos. O tratamento da obesidade é antes de tudo a busca do equilíbrio perdido, é devolver a saúde ao paciente (na visão psicossomática) que vem sofrendo durante anos a escravidão de comer com culpa, de não se aceitar, além de receber o desprezo dos padrões sociais vigentes.

Como já observamos, a obesidade é conseqüência e não causa dos problemas. Mas, com o tempo, passa a provocar distorções comportamentais, agravando vícios de conduta e criando novas dificuldades, tanto psíquicas quanto orgânicas. Como se vê, é um círculo vicioso. O obeso passa a ter uma retroalimentação de seu problema, dificultando sua resolução e justificando sua manutenção.

Como tratá-lo? A resposta deve levar em conta a definição que vimos sobre a saúde como bem-estar físico, psíquico e social do indivíduo. É impossível tratar alguém de modo dissociado, dando atenção apenas aos adipócitos (células de gordura) e não ao psiquismo, às emoções e a todo o conteúdo mental. Não podemos encará-lo como um monte de gordura a ser gasta. Devemos tratá-lo como um ser que, por determinadas circunstâncias, perde a harmonia necessária para o desempenho normal de suas funções vitais. A unidade mente-corpo fica abalada e um dos resultados disso é a obesidade.

Essa pessoa está inserida num contexto social, o que pressupõe uma abordagem global e que evoque a relação humana médico-paciente. Sem isso, o tratamento se torna superficial e inoperante. (Falaremos mais sobre isso no Apêndice, "Escolha seu médico com sucesso".)

Emagrecendo com sucesso

Ser magro não significa, necessariamente, ter saúde. Saudável é aquele indivíduo que tem uma dieta equilibrada, de acordo com suas necessidades nutricionais, sempre com predomínio de fibras vegetais, presença de proteína, carboidratos e lípides em proporção correta. Orientar o emagrecimento ou a manutenção da forma física sem exercícios é uma falácia. O adequado balanço metabólico se dá entre uma quantidade correta de calorias, provenientes da ingestão de alimentos, e sua queima, por meio das reações químicas que usam a energia (caloria) para a realização dos movimentos musculares e a manutenção adequada de todos os órgãos e sistemas do corpo humano.

Precisamos, em média, de duas mil calorias diárias. À medida que o tempo vai passando, essa necessidade diminui, porque, depois dos trinta anos, perde-se um por cento de músculos, que se transformam em gordura. O músculo, para funcionar, consome o dobro de calorias, comparado ao tecido gorduroso. É por isso que, depois dessa idade, vai ficando cada vez mais difícil emagrecer. A partir daí, ganhamos, em média, quatro quilos a cada década de vida.

É bom lembrar que o cortisol, hormônio do stress, predispõe à deposição de gordura no abdome. Então, a ansiedade para emagrecer acaba dificultando, hormonalmente, a perda de peso, além de levar o indivíduo a comer de maneira compulsiva.

Além disso, com o passar do tempo, as pessoas vão ficando mais flácidas. A quantidade de colágeno, tecido que dá sustentação à pele, diminui, e muita gente sofre com a modificação estética que isso provoca. Essa deficiência, porém, pode ser suprida com a ingestão de proteínas e de gelatina dietética, que estimula a produção do colágeno e é pobre em calorias.

Para garantir o bom funcionamento do organismo e emagrecer, é necessário ingerir menos calorias do que se está acostumado. Aí nosso corpo começará a lançar mão das reservas de caloria armazenadas sob a forma de gordura. No homem, os pneuzinhos e a barriga começam a ir embora. Na mulher, os glúteos e os culotes diminuem.

O organismo utiliza as calorias de um modo bem típico. Primeiro, queima os açúcares que estão na circulação sangüínea, em seguida lança mão da gordura acumulada, e depois, se não houver nova ingestão de calorias, ele começa a queimar as proteínas dos músculos, o que é indesejável. É por isso que as pessoas ficavam pele e osso, literalmente, nos campos de concentração. Porque até as reservas musculares já tinham ido embora, provocando o grau máximo de caquexia (termo científico para "pele e osso").

O risco de dietas rigorosas, de 300 a 600 calorias por dia, é a perda de parte do tecido muscular, além de depressão e diminuição da memória. Mais do que isso, terminadas, elas fazem com que as pessoas voltem rapidamente a engordar. Surge então o efeito sanfona: engorda, emagrece, engorda...

A perda de peso contraria as informações genéticas que trazemos de nossos ancestrais. Desde a época das cavernas o organismo vem se encarregando de armazenar toda a energia extra, para utilizar-se dela quando necessário: invernos longos com pouco alimento disponível, luta e caça, sobrevivência em terrenos inóspitos. Fomos programados geneticamente dessa maneira e é difícil ir contra essa programação, em especial sem realizar alguma atividade física.

A Dieta do Bom Senso

Gosto muito de uma dieta que uso em minha clínica e que chamei de DBS, a Dieta do Bom Senso. Ela tem por fundamento resgatar o bom senso em cada um de nós. Porque não adianta nada dar um pedaço de papel a um paciente e dizer: "Siga o que está aqui". No primeiro dia, você vai afixar o tal papel na geladeira e tentar seguir ao pé da letra. E talvez consiga, durante algum tempo. Depois, vai se cansar e desistir.

Com toda a razão. Porque naquela folha existe uma receita pronta que na maioria das vezes não combina com você. Por isso, insisto no uso do bom senso. Quando se fala em reeducação alimentar, não existem soluções milagrosas. Tem que haver, isso sim, uma conjunção de fatores. Se você mexer um pouquinho em cada esfera da sua vida, só um pouquinho, as coisas começam a dar certo. É como se houvesse uma conspiração positiva atuando em seu favor.

Digamos que você pretenda perder peso. Se colocar muita expectativa só no regime, na alimentação, estará fadado a conhecer o insucesso. Porque, assim como o organismo precisa comer, precisa também gastar as calorias que ingere (veja, no capítulo 12, como as atividades físicas podem ajudar a queimar calorias). Além disso, o excesso de peso, em geral, é conseqüência, não causa, de outros problemas que você vive ou viveu. É necessário investigá-los e adotar uma atitude positiva em relação a eles. Ou para resolvê-los ou para fazer com que não incomodem tanto.

Outra coisa: jamais faça uma refeição sem vontade. Pratos insossos, além de não satisfazer ao paladar, não satisfazem às outras necessidades que nos levam a comer, e que estão mais ligadas à nossa psique do que à nossa constituição biológica. Então, em primeiro lugar, abuse dos temperos saudáveis. Ervas, especiarias e dois velhos conhecidos, alho e cebola, são fundamentais para acentuar o sabor de um prato.

Comece sempre por uma salada. Misture tons diferentes de verde, com alfaces de vários tipos (crespa, lisa, americana, italiana, broto), rúcula, manjericão, hortelã, repolho, cebolinha. O vermelho do tomate e o branco do palmito, além de saborosos, estão cheios de nutrientes importantes. Rale cenoura, nabo, complete com vagem, ervilha torta, milho. Transforme a salada numa festa de cores e sabores.

Esfarele algumas torradas por cima e jogue, junto com elas, proteína de soja crocante. A soja é um alimento excelente, rico em isoflavonas, substâncias que ajudam a controlar o mau colesterol e os triglicérides, aumentando o HDL, o bom colesterol. Se você é mulher, coma mais soja, pois ela ajuda também na menopausa, fixando o cálcio nos ossos, agindo contra a osteoporose.

As fibras presentes nos vegetais, nas verduras e nas leguminosas, principalmente quando crus, limpam as gorduras do intestino. Arrastam as impurezas do organismo junto com as fezes. Então, não só servem para evitar câncer de cólon, câncer de intestino, colites em geral, como também diminuem a absorção do colesterol.

Mastigue devagar e bastante. Por dois motivos. Um deles é que o ato da mastigação, em si, emagrece. Quer um exemplo? Comprovou-se cientificamente que mascar chicletes sem açúcar durante uma hora por dia faz com que a pessoa perca, em um ano, cerca de cinco quilos.

O segundo motivo é que a mastigação estimula o centro da saciedade. Lembre-se de que, quando se come muito depressa, o organismo não tem tempo de receber a mensagem de que já ganhou comida suficiente. Esse é um truque excelente. Quando você passar para o segundo prato, verá que sua vontade de comer diminuiu, e que não será necessário ingerir uma grande quantidade de massa, arroz, carne. Você já "matou" sua fome com alimentos riquíssimos em nutrientes, mas pobres em calorias.

Depois da salada, procure comer peixe. É saudável, saboroso, leve. Tem poucas calorias. Para variar, experimente receitas com a parte branca do frango (mas sem a pele, que é gordura pura), do peru, do chester. Evite as carnes vermelhas, principalmente as gordurosas. Mas, se não conseguir passar sem elas, diminua a quantidade e a freqüência com que as ingere. Passe a comê-las no máximo duas vezes por semana.

Ponha no prato também uma porção de arroz, feijão, batatas (cozidas ou assadas; esqueça as fritas) ou outra fonte de carboidratos. Se preferir massas, prepare-as no molho de tomate, pois os molhos brancos contêm uma quantidade muito grande de gordura.

Agora, avalie se vai precisar da sobremesa e se ela caberá no estômago. Se optar por comê-la, escolha uma fatia de mamão papaia, que tem apenas 80 calorias e é rica em papaína, uma enzima que digere as gorduras. Compare: uma fatia de bolo de chocolate tem em média trezentas calorias; um quindim, quatrocentas calorias.

Mas, se você gostar de chocolate, ótimo, coma um pedacinho. Sem culpa. Afinal, o chocolate é uma espécie de presente. Você merece, porque sua alimentação está equilibrada e atendendo às suas necessidades. Compre o chocolate de que você mais gosta. É aquele suíço, com recheio? Então, vamos lá. Coma, mas não na surdina, com culpa, escondido de você mesmo. Coma com prazer, dizendo: "Eu quero, eu posso, eu mereço".

O chocolate aumenta a quantidade de serotonina, neurotransmissor que evita a depressão e dá sensação de bem-estar. Além do mais, os doces, em geral, estão associados à ternura e ao afeto que tínhamos na infância. Essas informações estão gravadas em nosso cérebro.

Se você gosta de comer em restaurantes, continue se dando esse prazer. Porém, faça-o com classe. Dispense o couvert. Peça uma salada saborosa aos olhos e ao paladar. E um prato balanceado, com proteína, legumes e uma fonte de carboidratos. Caso o restaurante seja uma churrascaria, aproveite. Ela costuma oferecer maravilhosas mesas de saladas.

O milagre da água

Beber água é fundamental. Nosso organismo precisa de, no mínimo, dois litros por dia. De água pura, não de refrigerantes e sucos muito doces ou concentrados. Eles acabam por roubar a água do corpo, em vez de hidratar, porque nosso metabolismo será obrigado a diluir esses sucos espessos, para absorvê-los.

Qualquer atividade física, incluindo falar e gesticular, requer imediata reposição de água. Quando dou aulas, tenho que falar, andar, e gasto energia. Preciso de água para que minhas reações metabólicas se dêem a contento, para que meu organismo funcione bem. Preciso me lubrificar, garantir água para todos os meus órgãos e sistemas.

O ser humano pode ficar alguns dias sem comer, mas, se passar um dia sem beber água, vai se sentir muito mal. Quando temos sede é porque nosso organismo já está privado de água e necessita com urgência da reposição do líquido. O correto é tomar água antes de sentir sede. Nosso corpo suporta longos períodos sem alimentação, mas a água é essencial para a manutenção da vida.

Procure, no entanto, ingerir apenas um copo durante as refeições. Quando tomamos muito líquido na hora da comida, o estômago não dá conta de digerir adequadamente os alimentos. O ideal é beber o suficiente para aliviar a sede, caso o prato esteja bastante condimentado ou salgado. Devemos evitar tomar muito líquido trinta minutos antes e depois das refeições, para não sobrecarregar o sistema digestivo.

Vitaminas: ao natural ou em cápsulas?

Nas revistas, na televisão, nos cartazes de rua, anúncios alardeiam a falsa idéia de que devemos comprar cápsulas de vitaminas, para prevenir ou tratar o stress e para suprir carências vitamínicas que em 99% das vezes não existem. Quem tem uma alimentação balanceada e hábitos saudáveis não deve tomar vitaminas aleatoriamente. Salvo em situações especiais, como um comprovado déficit nutricional, gestantes, cardiopatas, pacientes debilitados ou esportistas em regime intensivo de treinamento.

Infelizmente, o comércio de vitaminas cresce a cada dia. Academias de ginástica, lojas especializadas, farmácias sempre mantêm em estoque os mais diversos tipos, das mais variadas procedências. Existem até mesmo clínicas que vendem as tais vitaminas — o que é proibido pelo Conselho Regional de Medicina (CRM), o órgão que controla/fiscaliza a prática da medicina nos Estados — e que realizam a quelação (prática também proibida pelo CRM), isto é, a aplicação de uma medicação na veia, "para limpar o organismo de substâncias ruins".

O custo de tudo isso, para o consumidor, é alto e na maior parte das vezes calculado com base no dólar, pois muitos desses produtos vêm do exterior ou contam com matéria-prima importada. Há quem gaste alguns milhares de reais por "tratamentos" sem necessidade e de resultado duvidoso. Em uma boa feira, em algum sacolão ou supermercado, não precisaria despender mais de duas dezenas de reais para ter uma alimentação saudável por até três semanas.

O fato é que, com a correria do cotidiano, muitos acabam achando mais cômodo tomar um "remedinho" e nele colocam a responsabilidade por sua saúde, por seu bem-estar. A verdade é que não há necessidade disso. Mesmo quem se acostumou a lanches rápidos na rua pode ingerir bons nutrientes. Qualquer bar oferece, no cardápio, as chamadas "vitaminas", com leite, banana, abacate, mamão e outras frutas. Água de coco, sucos de laranja e limão também são encontrados em qualquer esquina. Alface, tomate, cebola podem acompanhar qualquer tipo de sanduíche, dentro ou fora do pão. A criatividade brasileira, nesse aspecto, é enorme.

Além disso, há riscos potenciais nas vitaminas industrializadas. Muitas delas, quando ingeridas em excesso, podem causar sérios danos à saúde. O betacaroteno, por exemplo, provocou o aumento do câncer de mama nas mulheres, embora se garantisse que, em doses altas, ele prevenia o câncer. Estudos levados a cabo nos países nórdicos mostraram essa triste realidade. Já o betacaroteno que existe na cenoura é maravilhoso, pois é absorvido naturalmente, em doses com as quais o organismo sabe lidar. E a vitamina C? Em forma de medicação e em dosagens excessivas pode vir a causar cálculo renal e outros problemas sérios. Mas a vitamina C da laranja vem em doses que o nosso organismo pode absorver.

Por esse motivo, quando se falar em vitaminas, prefira as naturais. São mais baratas e oferecem uma grande vantagem sobre as industrializadas: fazem bem à saúde.

Ervas, prós e contras

A sabedoria popular consagrou o uso de chás, emulsões, cremes, xaropes preparados com plantas as mais diversas. Boldo, hortelã, manjericão, melissa, erva-doce, capim-limão, camomila... Há ervas para todos os males. E a maioria pode ser cultivada até mesmo em apartamentos, em pequenos vasos. Um chá de erva-cidreira vez ou outra, para relaxar, ou uma xícara de infusão amarga, para aquela refeição que "caiu mal", não oferecem problema algum. O problema aparece quando se usam, de modo aleatório e exagerado, plantas sobre cujos efeitos quase nada se sabe. O caso fica ainda mais grave no caso dos remédios que utilizam as ervas como matéria-prima.

Esses medicamentos, os fitoterápicos, embora preparados com plantas com propriedades medicinais reconhecidas, ainda estão em fase de estudo. Seus poderes farmacológicos são potentes, mas nem todos os efeitos colaterais foram estudados ainda. Esses remédios, portanto, não são isentos de riscos. A expressão "se não faz bem, mal não faz" é enganosa e induz a erro. O que não faz bem pode fazer muito mal.

Outro problema é que a composição desses medicamentos sofre muita variação. Isso porque as plantas estão sujeitas à influência de fatores ambientais, como luminosidade e clima, durante o processo de cultivo, extração e transporte. Os grandes laboratórios já estão se encarregando disso, passando a cultivar a própria matéria-prima. O Brasil é um grande celeiro de fitoterápicos.

É inquestionável o efeito de plantas como o *Hypericum perforatum*, usado no tratamento de depressões leves, do *Ginkgo biloba* para distúrbios cerebrais e da *Valeriana officinalis*, utilizada como calmante e contra insônia, além de inúmeros outros fitoterápicos utilizados e prescritos pela classe médica. Existem inúmeros remédios consagrados, que, embora considerados 100% alopáticos, química pura, são, na verdade, originados do mundo vegetal. É o caso do ácido acetilsalicílico, que vem do salgueiro; da digoxina, extraída da dedaleira; da atropina, tirada da beladona, e da metildopa, saída da bananeira.

Então, podemos usar os fitoterápicos, sim. Mas a prescrição e o controle devem ser feitos por nosso médico de confiança.

Capítulo 12

OS BENEFÍCIOS DO ESPORTE

Quando alguém fala que é preciso manter uma atividade física, a primeira idéia que vem à mente é ir para uma academia. Para compensar todo o tempo em que permaneceu parado, e para supostamente aproveitar o dinheiro investido, há quem fique horas e horas lá, passando por todo tipo de exercício: aeróbica, localizada, alongamento, aerofunk, musculação... Duas semanas depois, exausta e enjoada daquela rotina, essa pessoa desiste. E, provavelmente, nunca mais resolva exercitar-se.

Esse é um exemplo muito comum. A maioria de nós já passou por isso, ou conhece alguém que agiu exatamente assim. E, pensando bem, não poderia ser outra a reação dos que, desacostumados da ginástica, decidem por um "tratamento de choque" para, imaginam, recuperar o tempo perdido. Não só não recuperam como acabam por desenvolver uma aversão à prática esportiva. Não é à toa que 5% dos que se matriculam nas academias desistem antes de freqüentá-la uma única vez, e mais de 50% deixam de ir a ela antes do sexto mês.

Assim, a solução muitas vezes passa longe das academias. Passa, na verdade, por leves alterações na rotina diária. Como lavar o carro em vez de levá-lo ao lava-rápido. Ou cuidar do jardim. Ir a pé ao supermercado, ao banco. Subir e descer a escada do prédio onde se vive ou se trabalha. Parar o automóvel um pouquinho mais longe do destino, sempre que possível, ou descer do ônibus dois pontos antes, para fazer o restante do percurso andando. Sair para passear com o bebê, arrumar as roupas no armário e os livros na estante. Todas essas atividades simples movimentam nossos músculos, lubrificam as articulações e gastam calorias.

Agora, se mesmo assim você preferir a academia, identifique a atividade que lhe parece mais agradável e comece por ela. Mas em seu próprio ritmo, sem forçar. Se após dois meses você tiver vontade, tempo e disposição para acrescentar mais alguma coisa, faça-o de forma consciente e com orientação adequada.

Andar: na rua ou na academia?

Uma pergunta muito comum é se a caminhada diária de trinta minutos tem o mesmo efeito se for feita na esteira ergométrica. A resposta é sim, do ponto de vista físico. Mas, da perspectiva psíquica, há uma boa diferença. Os ambientes abertos são mais recompensadores para o nosso lado emocional. Se pudermos caminhar num bosque, dentro de um clube com os amigos, numa pista apropriada, evitando pisos duros (como o asfalto) e o impacto que eles provocam, tanto melhor.

TABELA DAS CALORIAS GASTAS EM ATIVIDADES FÍSICAS*	
Atividade física	Gasto calórico por minuto
Arco e flecha	4,62
Balé	7,98
Basquete	9,66
Bilhar	2,94
Boxe	
no ringue	9,66
em treino	15,54
Canoagem	
lazer	3,08
competição	7,28
Caminhada	
no plano (asfalto)	5,6
campo/montanha	5,9
pista de grama	5,9
Capoeira	11,9
Cartas, jogo de	1,82
Ciclismo	
competição	11,9
lazer	4,48
mountain bike	11,9
Circuito	9,24
Comer	1,68
Compras	
mulher	4,06
homem	4,34

* Queima de caloria para uma pessoa de cerca de 70 kg.

TABELA DAS CALORIAS GASTAS EM ATIVIDADES FÍSICAS*	
Atividade física	Gasto calórico por minuto
Corrida	
cross	11,48
no plano	11 a 20
trote	10
Cozinhar	
mulher	3,22
homem	3,36
Dança	
aeróbica moderada	7,28
aeróbica intensa	9,38
coreografada	11,76
de salão	3,64
rebolada	7,28
Desenho/pintura em pé	2,52
Dormir	1,54
Escalada	
sem carga	8,54
com carga	9,1 a 9,8
Esqui	
aquático	10,92
neve dura/plano/andando	10,08
downhill/velocidade máxima	19,18
neve mole/lazer	6,86 a 7,84

* Queima de caloria para uma pessoa de cerca de 70 kg.

TABELA DAS CALORIAS GASTAS EM ATIVIDADES FÍSICAS*	
Atividade física	Gasto calórico por minuto
Equitação	
galope	9,66
marcha	2,94
trote	7,7
Escrever sentado	2,1
Exercícios em geral	8,12
Faxina	
mulher	4,34
homem	4,06
Ficar em pé	1,82
Ficar sentado	1,74
Frescobol	12,46
Futebol	8,96
Ginástica	
aeróbica/olímpica	5,88
Golfe	6,02
Handebol	9,94
Hidroginástica	5,88
Jardinagem	
capinar com enxada	5,46
cavar com pá	8,82
com ancinho	3,78
cortar grama	7,84

* Queima de caloria para uma pessoa de cerca de 70 kg.

TABELA DAS CALORIAS GASTAS EM ATIVIDADES FÍSICAS*

Atividade física	Gasto calórico por minuto
Jiu-jítsu	11,9
Judô	10,0
Mergulho autônomo	19,32
Musculação	4,9
Natação	
costas	11,9
livre lento	8,96
livre rápido	10,92
peito	11,34
Patinação no gelo	9,38
Pescaria	4,34
Pesos livres	6,02
Peteca	6,86
Pular corda	11,34 a 13,86
Remo	10,92
Squash	14,84
Sexo (relação intensa)	17,08
Surfe	7,98
Tênis de mesa	4,76
Vôlei	
comum	4,0
de praia	5,0
Windsurfe	7,0

* Queima de caloria para uma pessoa de cerca de 70 kg.

Da ótica cardiovascular, porém, ambas são importantes. A menos que a caminhada se dê nos canteiros ou nas calçadas de avenidas movimentadas. Porque os carros expelem monóxido de carbono, que vai direto para os pulmões do caminhante. Esse não é um aspecto saudável e deve ser levado em conta na hora da escolha do local da atividade.

Outro ponto importante é a companhia. Existem aqueles que não gostam de andar sozinhos, e que por isso acabam aceitando caminhar ao lado de pessoas cuja conversa gira em torno de assuntos estressantes. Reclamam o tempo todo. Nesse caso, o mais apropriado é arranjar uma companhia menos complicada. Ou andar sozinho mesmo, porque é muito freqüente fazer novos amigos durante os percursos. E conhecer novas pessoas, novas idéias, convenhamos, também é bastante saudável.

Exercícios na medida certa

Também não podemos esquecer que nosso organismo, quando fazemos exercícios com regularidade, sente que realiza algo bom, para o qual já está treinado. Então, pode receber novas doses de atividade de modo rotineiro e sem sobressaltos. Mas, se nos exercitamos só de vez em quando, ele interpreta isso como uma forma de stress.

É o que acontece com o atleta de fim de semana, aquele que fica parado durante os chamados "dias úteis" e que, no domingo, corre duas horas, ou passa a tarde jogando futebol. Como o corpo não está apto para isso, e como foram ultrapassados os limites adequados, essa cota exagerada de exercícios provoca stress, facilitando a ocorrência de traumatismos musculares, esqueléticos e alterações cardiovasculares.

Não é à toa que são muito freqüentes, na segunda-feira de manhã, os joelhos inchados, a coluna travada, as dores de todo tipo. Dependendo da pessoa, a reação pelo abuso no fim de semana pode ser mais grave e vir na forma de um infarto.

No caso de atletas em programas de treinamento intensivo, ou de pessoas já acostumadas às academias, e que ultrapassam seus limites, pode ocorrer o *over training*, que é o exercício excessivo, com desgaste orgânico, e que provoca stress, facilitando a ocorrência de lesões músculo-esqueléticas, cardiovasculares, febre, infecções e alterações emocionais, como a depressão.

Para evitar problemas, basta exercitar-se um pouco, ao menos três vezes por semana. Hoje em dia, uma das atividades mais recomendadas é andar, pois isso não provoca lesões articulares, freqüentes em outras práticas esportivas — a não ser nos casos de grande excesso de peso, quando pode ser mais recomendável a hidroginástica ou a bicicleta ergométrica, para não sobrecarregar joelhos, tornozelos e coluna vertebral.

É importante saber que há várias maneiras de caminhar. Quando, por exemplo, você viaja e anda muito durante o dia, seja em Paris, Nova York ou na Praia

Grande, volta mais magro, caso coma normalmente. Por quê? Porque seu corpo está queimando calorias. Mas, se além do gasto de calorias, o objetivo for também um trabalho cardiovascular, que traz um ganho de oxigenação em todo o corpo, é preciso andar numa velocidade preestabelecida, dentro de uma freqüência cardíaca adequada. Como isso é bastante pessoal, o cálculo da atividade é individual, feito mediante um teste ergométrico, além da análise da idade, a verificação das condições dos joelhos, da coluna, do coração, dos pulmões, da idade biológica e do "pique" do indivíduo.

A freqüência cardíaca (FC) correta segue uma tabela, embora varie muito para cada pessoa. A conta, a princípio, é simples. Basta subtrair a idade que se tem de 220 para obter a freqüência cardíaca máxima. Que nunca, nunca mesmo, pode ser ultrapassada.

Vejamos qual seria ela em uma pessoa de 48 anos:

220 − 48 = 172 (FC MÁXIMA)

A freqüência máxima de 172 batidas por minuto, porém, não é a de treino. Isto é, não pode se manter durante todo o exercício. Se assim fosse, faria um enorme estrago no coração dessa pessoa. Por isso, dependendo das condições físicas de cada um, do propósito do exercício e do tipo de atividade, a FC de treino deve estar entre 50% e 75% da FC máxima.

FC MÁXIMA x (50% a 75%) = FC DE TREINO

Seguindo nosso exemplo:

**172 (FC MÁXIMA) x (50% a 75%) =
86 a 129 (FC DE TREINO)**

O coração da pessoa de nosso exemplo jamais pode passar dos 172 batimentos por minuto (bpm). Mas a freqüência cardíaca de treino, que deve ser mantida durante a caminhada ou outro exercício, pode variar de acordo com o objetivo de cada um. Entre 60% e 75% da FC máxima, em um período que varia de trinta a cinqüenta minutos, o organismo estará realizando um trabalho aeróbio, isto é, consumirá oxigênio. Isso é muito bom, pois as artérias aumentam de calibre, o cérebro recebe mais oxigênio, os pulmões se expandem melhor e o sangue coagula menos, evitando derrames e infarto. Além disso, evitam-se a osteoporose e a artrose, além de estimular a liberação de neurotransmissores, como a serotonina, e outros neuropeptídeos, como a endorfina, que garantem a sensação de bem-estar e tranqüilidade.

Exercitando-se com sucesso

Toda atividade física deve ser precedida de exercícios de alongamento, para que a musculatura, os tendões e os ligamentos estejam preparados e aquecidos para os movimentos que serão feitos logo a seguir. Essa é uma das regras que devem ser observadas para que o exercício atue como coadjuvante da qualidade de vida, não como um fator de stress a mais.

Suponhamos alguém que pratique natação três vezes por semana e totalize mil metros a cada treino. Se essa pessoa ficar três meses sem treinar, e ao recomeçar quiser manter a mesma marca, com certeza sairá extenuada. Isso porque submeteu seu organismo a uma situação que exigiu esforço de adaptação. Uma sugestão seria nadar trezentos metros no primeiro dia de retorno, quinhentos nos três outros treinos, seiscentos metros depois de uma semana e mil metros após duas semanas. Aí sim, o organismo reagiria de modo adequado, pois não seria obrigado a suportar uma carga de exercício para a qual não estava mais preparado.

Um bom condicionamento cardiovascular exige no mínimo três meses de ginástica, com aumento progressivo de esforço. Depois desse período, a dilatação no calibre das artérias garante uma irrigação arterial melhor. Isso se traduz na diminuição dos níveis de pressão e em um ganho real de 20% na capacidade cardiorrespiratória. No entanto, se a pessoa parar por um mês, já começa a entrar em processo de descondicionamento. Por isso é tão importante manter a regularidade e a assiduidade.

Administrar bem a própria saúde significa praticar algum exercício aeróbio (caminhada, natação, ciclismo) três vezes por semana. A duração total deve chegar aos 45 minutos. Só para você ter uma idéia do bem que isso faz, saiba que foi comprovado que quem faz exercícios aeróbios por uma hora, três vezes por semana, reduz em 50% o risco de infartar.

SUGESTÕES PARA QUEM QUER COMEÇAR A SE EXERCITAR
Passe antes por uma avaliação médica.
Calce um tênis confortável, que amorteça o impacto do exercício.
Use roupas bem confortáveis e adequadas à temperatura do dia.
Nunca saia para caminhar ou para treinar em jejum. Faça uma refeição bem leve (frutas, leite, uma fatia de pão), apenas para acalmar o estômago.
Beba água antes e depois do exercício. E durante a prática, caso seja necessário.
Cuidado com os efeitos do sol. Evite exercitar-se nos horários em que o calor é muito forte.
No primeiro dia, exercite-se por quinze minutos.
Aumente cinco minutos por dia, a cada semana, e bom proveito!

Antes de se exercitar, porém, você deve falar com seu médico. É necessário um exame clínico detalhado, para examinar as condições do coração e para realizar uma avaliação ergométrica, que na verdade é um eletrocardiograma feito em movimento. Enquanto se anda em uma esteira, medem-se a pressão e a freqüência cardíaca, para ver como o organismo reage ao esforço.

Uma curiosidade: o teste ergométrico também é conhecido como *teste de stress*. Porque o organismo de quem não está acostumado a andar ou correr interpreta esse esforço como um stress. O corpo precisa se adaptar à situação, e o médico observará como ele reage a isso: se a pressão subirá até os níveis esperados e se haverá algum sintoma como dor no peito, falta de ar ou tontura.

Como você vê, uma consulta de rotina poderá liberá-lo para se exercitar. Se você preferir andar ao menos trinta minutos por dia, três vezes por semana, será maravilhoso. Escolha um local plano, que lhe dê prazer. Um parque, uma praça, o quarteirão, o clube. Se quiser, pode caminhar diariamente. Caso prefira outra atividade esportiva, saiba que não há necessidade de fazer exercícios todos os dias. Trabalhos científicos comprovaram que os benefícios são praticamente iguais aos conseguidos pela ginástica feita de três a cinco vezes por semana. Além disso, quem treina todos os dias corre o risco de lesionar as estruturas das articulações, dos tendões e dos músculos.

Esportes radicais: será que vale a pena?

É sabido que o índice de acidentes mortais é altíssimo em certas atividades físicas, como asa-delta, páraquedismo, alpinismo, bung-jump, ultraleve. Será saudável praticá-las? Bem, muitos adeptos alegam ser fundamental "sentir a adrenalina", "desafiar o perigo" ou "sentir o risco na espinha".

Se você conhece alguém assim, avise-o de que, ao pular de bung-jump, por exemplo, o corpo sofre um processo de desaceleração mecânica muito grande. Assim, são comuns as distensões e as rupturas musculares. Pode haver edema cerebral, como comprovam tomografias feitas antes e depois do salto, em função do choque da massa cerebral contra a calota craniana. O mesmo acontece com quem anda em certos "brinquedos" de parques, como a queda de elevadores, que podem causar também herniações agudas na coluna vertebral. Pesquisas científicas provam que os passeios de montanha-russa podem provocar, em indivíduos saudáveis, o aparecimento de coágulos cerebrais responsáveis por derrames. Por isso, todo cuidado é pouco quando o assunto são os esportes radicais.

Apêndice

ESCOLHA SEU MÉDICO COM SUCESSO

Consultas breves, atendimentos rápidos, conversa mínima, foco no sintoma e não na pessoa que apresenta o sintoma são algumas das características da relação médico-paciente, hoje em dia. Em especial no sistema público de saúde — que, ao contrário do que o nome indica, não cuida da saúde (isto é, da prevenção da doença) e sim do tratamento, quando o mal já está instalado.

Isso porque, no Brasil, esse sistema público e as empresas de medicina de grupo passaram a contratar cada vez mais especialistas, em detrimento do clínico geral, aquele que olha o indivíduo como um todo. Precisamos do especialista, sim, mas precisamos muito mais de médicos que conheçam bem seus pacientes, que saibam por que determinado sintoma ou determinada doença apareceu, e que consigam entender o sofrimento de quem os procura, para ajudá-lo a sair da situação em que se encontra.

Esses médicos criam empatia com o paciente. E empatia, você sabe, não é sinônimo de simpatia. Não se trata de dar tapinhas nos ombros ou sorrisos. Isso não conquista a confiança de ninguém. Simpático qualquer um pode ser: o cabeleireiro, o garçom, os amigos. Por isso, quando falamos em empatia, falamos em nos colocar na posição do paciente, para tentar compreender seus sentimentos, sua disponibilidade. Para verificar o que ele pode fazer para ajudar-se, e como pode ser ajudado.

Um bom médico não oferece soluções como quem dá fórmulas prontas. Isso não funciona. O bom médico ajuda a pessoa a procurar, dentro de suas próprias possibilidades, as melhores soluções para aquilo que a aflige. O bom médico tem uma visão ampla, dirigida não à doença e sim à saúde. Não trata um órgão, e sim um ser humano. Transforma a consulta em um encontro de ajuda, em que executa uma psicoterapia breve, independentemente da origem das queixas. Antecipa-se aos problemas, investigando as menores suspeitas (afinal, prevenção significa "ver antes"). E faz isso porque sabe que o paciente precisa sair desse encontro com ganhos reais, com novas informações e, principalmente, com uma visão mais consciente de si mesmo.

Para isso, a abordagem do médico deve ser ampla. Não é possível enfocar apenas o coração doente, mas sim *aquele* que tem o coração doente. Quem é essa pessoa? Por que momento de vida está passando? Quais seus aspectos afetivos e profissionais, seus medos e angústias, seus sonhos e desejos? O que significa, para esse paciente, estar doente? Qual é o significado simbólico dos sintomas, quais os sentimentos despertados por aquilo que o acomete? O que será mais traumatizante, uma verruga no nariz de uma modelo ou uma doença muscular, que não é aparente, mas que tira a força do braço de um motorista de ônibus?

Como se vê, o sintoma tem de ser analisado à luz de um contexto mais amplo do que permitem as rápidas consultas dos convênios ou do sistema público de atendimento. O médico deveria fazer uma anamnese ampliada, que engloba não apenas as perguntas tradicionais (o que dói, onde e há quanto tempo) como também envolve a biografia, a história do paciente.

É preciso aprofundar-se nos aspectos psíquicos e sociais, pois eles fazem parte da consulta. Todas as pessoas estão inseridas num contexto social e, na maioria das vezes, adoecem por causa dele. Por causa do trabalho, do chefe, da esposa ou dos filhos, do stress gerado em todas essas relações. É preciso levar tudo isso em conta quando se ouve uma queixa de dor no peito, por exemplo.

O paciente não deve aceitar ser visto como um amontoado de órgãos, pois assim apenas seus sintomas estarão sendo tratados. É necessário cuidar das causas que provocaram o desequilíbrio orgânico. Identificar a angústia e o sofrimento psíquico que levaram a pessoa a desenvolver a doença, ver o sintoma físico como uma espécie de alvará que a libera para receber socorro. De nada adianta permanecer na superficialidade do sintoma ou prescrever um remédio qualquer. É preciso ir à raiz do problema, aprofundar-se nas questões biopsicossociais do paciente.

Dessa maneira, as possibilidades de um diagnóstico correto e de uma proposta terapêutica adequada são muito maiores. Porque o paciente sentirá no médico uma figura forte, interessada de fato nele e em seus problemas. Irá enxergar-se como sócio, participante da jornada em busca do bem-estar e da qualidade de vida. O resultado disso é a confiança, chave-mestra para a entrega, necessária na arte de curar. Como sócios, médico e paciente têm um acordo tácito de cooperação mútua, com amplas chances de sucesso.

Este livro foi impresso no
Sistema Digital Instant Duplex da Divisão Gráfica da
DISTRIBUIDORA RECORD DE SERVIÇOS DE IMPRENSA S.A.
Rua Argentina, 171 - Rio de Janeiro/RJ - Tel.: (21) 2585-2000